영업의 **미래**

영업의 미래

초판 1쇄 발행 | 2014년 7월 7일
초판 5쇄 발행 | 2016년 12월 1일

지은이 | 최용주 · 김상범
펴낸이 | 이성수
주간 | 박상두
편집 | 임이지, 황영선, 이홍우, 박현지
마케팅 | 이현숙, 이경은
제작 | 박홍준
인쇄 | 서정문화인쇄

펴낸곳 | 올림
주소 | 03186 서울시 종로구 새문안로 92 광화문오피시아 1810호
등록 | 2000년 3월 30일 제300-2000-192호(구:제20-183호)
전화 | 02-720-3131
팩스 | 02-720-3191
이메일 | pom4u@naver.com
홈페이지 | http://cafe.naver.com/ollimbooks

값 | 15,000원
ISBN 978-89-93027-61-7 03320

THE FUTURE OF SALES

strategy
top sellers
new consulting
risk inspiring
creative business
communication solution
performance planning works
key innovate
Strategic concept
success
Systematic Scientific

영업의 미래

topManagers
leadership
efficiency
pipeline
information marketing best
do see social
organization network
research analysis core
loyalty positive vision
development 3s
Coaching

| 최용주 · 김상범 지음 |

올림

'3S'로 영업하라

우리는 흔히 앞뒤가 맞지 않는 현상을 접할 때 '아이러니하다'는 표현을 쓴다. 말로는 중요하다고 하면서 실제로는 중요하게 다루지 않는다는 면에서 현실의 영업은 참 아이러니한 대상이 아닐 수 없다.

컨설팅회사인 찰리그룹Chally Group이 10만여 명의 기업 구매 담당자들을 대상으로 조사한 결과를 발표했는데, 구매의사 결정자의 39% 이상이 가격, 품질, 서비스보다 영업에 의해 구매를 결정한다고 응답했다. 그런가 하면 미국의 회원제 경영자문회사인 CEB가 수행한 한 조사에서는 '고객의 충성도를 유발하는 요인이 무엇인가?'라는 물음에 응답자의 53%가 '영업 경험'이라고 말했다.

영업은 기업 경영의 성과와 직결되는 아주 중요한 분야이다. 그런데도 영업을 가르치는 곳을 찾아보기 힘들다. 경영학에서 전략, 마케팅, 생산, 인사, 회계 등은 전공으로 세분화하여 다루고 있으면서 정작 경영에서 가장 중요한 영업은 그렇게 하지 않는다. 우리나라에서는 오직 한 경영대학원에서만 영업을 가르치고 있다. 미국을 비롯한 외국에서도 소수의 경영대학원에서만 영업 지향적 교육과정Sales Oriented

Curriculum을 운영해왔다. 최근에 와서야 점점 그 수가 증가하는 추세를 보이고 있다.

대학이나 대학원에서 영업을 제대로 가르치지 않는 이유가 뭘까? 첫째 이유는 교수가 없기 때문이다. 마케팅을 전공한 교수는 넘쳐나지만 영업을 전공한 교수는 거의 없다. 다시 말하면 영업 현장으로 들어가 학문적으로 연구하려는 시도가 없었다는 얘기다. 그래서 기업들이 그 대안으로 컨설팅업체나 산업교육기관에 영업 교육과 자문을 의뢰하게 되는데, 내용이 대동소이하고 부실하다. 마치 계시를 주는 듯한 표현을 동원하거나 자극적인 신조어를 만들어 요란하게 홍보하지만, 실제로는 고객관계 관리CRM를 강조하거나 충격요법으로 정신자세를 바로잡는 식의 일반적이고 임시방편적인 내용들이 대부분이다.

둘째 이유는 영업을 마케팅의 한 영역으로만 간주했기 때문이다. 마케팅의 목표와 전략에 따라 움직이기만 하면 되는 것이 영업이라는 인식이 지배적이었다. 그런데 공교롭게도 마케팅의 대가인 필립 코틀러Philip Kotler가 다른 2명의 학자와 공동으로 발표한 '영업과 마케팅 간

싸움의 종말Ending the War Between Sales and Marketing'이라는 논문에서 영업이 마케팅과 다른 독자적인 영역임을 전제로 논지를 전개함으로써 이러한 인식이 깨지게 되었다. 영업을 단순히 마케팅에 종속된 활동으로만 보아서는 안 된다는 것을 마케팅에서 스스로 인정한 셈이었다.

셋째 이유는 영업의 특수성 때문에 콘텐츠 구성과 교수법 선정이 쉽지 않다는 것이다. 다른 분야와 달리 영업은 현장 지도의 성격이 강한 데다 관계성을 중심으로 하는 특징으로 인해 체계적으로 접근하기가 어렵다. 이는 영업 관련 서적만 봐도 알 수 있다. 그 수가 많지도 않거니와 나와 있는 서적들도 영업을 개괄적으로만 다루거나 개인 영업자의 경험 위주로 되어 있다.

이와 같은 이유로 영업 현장에서는 여전히 배움에 목말라하고 있다. 목표와 전략부터 구체적인 실행에 이르기까지 영업 역량을 강화하는 데 도움이 될 만한 길잡이를 찾고 있다. 영업에 대한 그릇된 인식에서 탈피하여 영업 고유의 특수성에 기반한 현장 연구가 다양하고 활발하게 이루어져야 하는 까닭이다.

우리는 이 책에서 실제 기업에 반드시 필요한 세 가지 관점 즉, '전략적, 시스템적, 과학적 영업'을 중심으로 이야기를 전개하려고 한다. 우리는 일반적이거나 추상적인 이야기가 아니라 현장에서 직접 확인하고 느낀 이야기, 영업인들이 참고해서 활용할 만한 실질적인 콘텐츠를 제공하려고 한다.

지난 몇 년간 우리는 영업에 대한 수많은 토의를 해왔다. 그리고 2년 전 불모지를 개척하는 농부의 심정으로 서울과학종합대학원 aSSIST에 국내 최초로 '영업 혁신 MBA 과정'을 만들었다. 영업 활동을 했던 사람으로서의 사명감과 잘해보겠다는 의욕, 그리고 그간의 경험에서 얻은 자신감으로 시작한 일이었다. 적지 않은 우여곡절과 시행착오를 겪었지만, 그 이상의 성과와 보람을 느낄 수 있었다. 그리고 이제 첫 졸업생석사을 배출했고, 질문과 배움을 주고받는 과정을 통해 영업교육의 선진화라는 또 하나의 뜻 깊은 결실을 보게 되었다.

이 책은 영업 현장의 문제와 통찰을 중심으로 하여 우리에게 당면한 새로운 변화의 개념과 현실을 전략적Strategic, 시스템적Systematic, 과학적Scientific이라는 3S를 통하여 정리한 것이다. 전략 수립에서부터 목표 달성을 위한 관리까지 영업의 전 과정을 현실에 맞게 설명하기 위해 노력했다.

급격한 변화의 시대에 영업력을 강화하려면 어떻게 해야 할까? 모두가 최고를 지향하는 시대에 어떻게 하면 강한 영업 조직을 만들 수 있을까? 효과적인 영업 전략을 수립하여 이를 일선 영업 사원의 행동에까지 연결하는 방법은 무엇일까? 시시각각으로 변하는 고객의 욕구를 어떻게 수렴하여 충족시킬 것인가?

이와 같은 의문을 가진 분들에게 이 책이 방향과 방법을 일러주는 방향타가 되어 해결의 실마리를 제공할 수 있기를 바란다. 오늘도 변함없이 현장에서 이익 실현을 위해 애쓰는 모든 영업인들의 건투를 빈다.

최용주 · 김상범

비즈니스의
역설

strategy
top sellers
new consulting
risk inspiring
creative business
communication solution
performance planning works
key innovate concept
Strategic success
Systematic Scientific

top Managers
leadership
efficiency
pipeline
information marketing best
do see social
organization network core
research analysis
loyalty positive
develop
Cor

서비스 패러독스,
세일즈 패러독스

　맥도날드나 버거킹 같은 패스트푸드 전문점, 국내 굴지의 시중은행, 대형 종합병원, 이 세 곳의 공통점은 무엇일까? 혹자는 '24시간 영업하는 곳'이라는 답을 내놓는다. 맞는 답이긴 하지만 우리가 요구하는 답은 아니다. 좀 더 구체적인 질문을 해보자. 서비스 측면에서 이세 곳의 공통점은 무엇일까? 맞다. '과거에 서비스를 잘하지 않던 곳'이다. 그리고 하나 더, '서비스가 친절하게 변한 대표적인 곳'이다.

　패스트푸드점은 먹을 것이 흔치 않던 시절에 생겨났다. 그때는 고객서비스보다는 빠르게 음식을 제공하는 것이 최고의 가치였다. 당연히 친절한 서비스는 상상할 수 없었다. 시중은행도 불친절하기로 악명이 높았다. '은행 문턱이 높다'는 말이 공공연히 사용되었다. 종합병원도 마찬가지다. 고압적인 태도와 알아들을 수 없는 설명으로 환자와 보호자들을 주눅 들게 만들었다. 그런데 지금은 어떤가? 불친절한 곳을 찾아보기가 힘들다. 이들이 180도 바뀐 이유는 뭘까? '경쟁' 때문이다. 치열한 경쟁이 모든 것을 바꾸어놓았다. 그와 함께 '역설적'인 상황도 일어나게 되었다.

서비스 패러독스

경쟁에서 살아남기 위한 기업들의 몸부림은 고객만족을 위한 막대한 투자로 나타난다. 지금 이 순간에도 기업들은 한 사람의 고객이라도 더 붙잡기 위해 경쟁적으로 비용을 집행하고 있다. 그러나 문제가 생겼다. 비용은 늘어나는데 고객이 느끼는 만족도는 예전에 비해 좀처럼 오르지 않는 것이다. 기업 전략과 다국적 기업, 세계화를 주제로 강연하는 경영 사상가 첼 노오스트롬Kjell Nordström과 요나스 리더스트럴러Jonas Ridderstråle 스톡홀름경제대학원 교수는 이러한 현상이 나타나는 사회를 일컬어 '잉여 사회surplus society'라고 명명했다. 잉여 사회란 유사한 기업들이 유사한 교육 배경을 가진 유사한 종업원들을 통해 유사한 아이디어로 유사한 제품이나 서비스를 유사한 가격과 품질로 과잉 공급하는 사회를 의미한다. 고객만족을 위한 기업의 활동이 비슷비슷하게 되어 고객 입장에서 보면 차별성을 느낄 수 없다는 것이다. 여기에서 '서비스 패러독스service paradox' 현상이 일어난다.

서비스 패러독스는 경쟁이 치열해지면서 투자하는 비용이 급증함에도 불구하고 고객의 체감 서비스는 오히려 악화되는 현상을 일컫는 말이다. 기업이 고객만족을 위해 노력하는데도 고객이 느끼는 감동은 전보다 떨어지는 것이다. 그러면 이와 같은 서비스 패러독스가 왜 나타나게 되었는지 그 이유를 알아보자.

첫째, 기업들이 비용의 효율성을 높이기 위해 노력하면서 서비스의 인간적인 부분을 기계로 대체했기 때문이다. 이를 '서비스의 산업화service industrialization'라고 하는데, 고객에게는 정확한 서비스와 소요 시간 단축을, 기업에는 비용 절감을 통한 수익성 개선을 가져다주는 것이다. 그러나 고객만족의 중요 요소인 인간적인 면이 결여되면서 문제가 발생했다.

둘째, 직원들에게 '고객은 왕'이라는 고객만족의 당위성만을 지나치게 강조했기 때문이다. 그것이 결국 직원들의 자기 비하와 사기 저하를 초래했고, 그 영향으로 고객들이 불편함과 부담을 느끼는 경우까지 생기게 되었다. 고객이 원했던 것은 왕으로 대접받기 위한 비용 투입이 아니라 고객 요구의 본질을 이해하고 감성적으로 공감하면서 실질적으로 문제를 해결해줄 수 있는 전문성이라는 사실을 간과한 탓이다. IBM의 경영자인 사무엘 팔미사노Samuel J. Palmisano는 "이제는 혁신을 하지 않는다면 일상품의 지옥에 처할 것이다"라고 말했다. 좀처럼 올라가지 않는 고객만족도를 위해 새로운 형태의 혁신을 해야 한다는 뜻이다.

세일즈 패러독스

역설적 현상은 서비스 측면에서만 나타나는 것이 아니다. 세일즈 현장에서도 그와 같은 현상을 볼 수 있다. 몇 가지 예를 들어보자. 기업에서 수많은 과제들을 처리하다보면 종종 중요한 것을 지나칠 때가 있다. 그중 하나가 어떤 문제를 해결하고자 할 때 '입장을 명확히 정리하는 것'이다. 기업 경영에서 명확한 입장을 갖고 있지 않으면 실행이 흔들리게 되고, 이것이 성과에 악영향을 미치곤 한다. 예를 들어 '영업을 잘한다는 것'에 대한 정의가 불분명한 탓에 영업 현장에 꼭 필요한 실행력이 왜곡되어 나타나는 경우가 적지 않다. '밀어붙이기'가 그것이다. 밀어붙이기를 잘하는 것이 추진력의 상징처럼 여겨지다 보니 대리점이나 가맹점 등의 거래처를 압박하고 치밀하게 쪼아대는 '손목 비틀기' 같은 행태가 버젓이 행해진다. 그러면서 '영업은 특수한 영역'이라고 포장하기까지 한다. 이것이 세일즈의 첫 번째 패러독스다.

거래하는 과정에서 "우리가 남이가?"라는 표현을 쓰는 것도 문제의 소지를 안고 있다. 원래 이 말은 거래처와 본사의 동질성을 나타내는 뜻으로 쓰이지만, 뒤집어보면 남과 나를 혼동하는 현상이라고 할수 있다. '거래 파트너'와 '직원'의 경계에 혼동이 일어나면 공정하고 투명해야 할 거래의 본질이 흐려지게 마련이다. 내 편으로 인식하면 거래처의 '마음'까지 관리하는 사사로움이 개입되어 비즈니스 외적인 거래관계로 변질될 수 있다. 영업은 '관계를 잘 맺는 것'이라고 하지만 잘못된 관계 때문에 비즈니스를 망치는 경우가 얼마나 많은가. 이처럼 관계로 인한 비즈니스의 변질이 세일즈의 두 번째 패러독스다.

영업을 잘하는 사람의 사례를 잘 정리해서 전파하면 조직 전체가 선순환한다는 주장 또한 역설적이다. 많은 영업 조직에서 '성공 사례Best Practice'를 신봉하고 이를 조직 전체로 확산시키기 위해 노력하지만, 사실 성공 사례는 대부분 평범하지 않다. 성과를 올린 당사자와 그의 비결은 멋져 보이지만 실제로 이루어지는 세부적인 디테일들은 알기 어렵고, 설령 알아낸다 해도 적용하기가 만만치 않다. 다시 말해서, 드러난 결과는 더없이 좋지만 실행은 어려운 것들이다. 이것이 세일즈의 세 번째 패러독스다.

고객의 니즈 파악에도 역설이 숨어 있다. 영업에서 성공하는 지름길은 고객이 진정으로 필요로 하는 것이 무엇인지를 깊이 이해하는 것이라고 한다. 하지만 이 말은 고객 스스로 무엇이 필요한지를 잘 알고 있을 때만 성립한다. 만약 고객 자신이 원하는 것을 정확히 알고 있지 않거나 알려고 하는 과정에 있다면 이야기가 달라진다. 따라서 고객의 니즈를 파악하는 것이 중요하지만 때로는 전혀 중요하지 않을 수도 있다. 세일즈의 네 번째 패러독스다.

기업의 경영자와 영업 관리자는 조직 관리에서 이와 같은 패러독스의 함정에 빠지지 않도록 항상 주의를 기울여야 한다. 가장 좋은 방법은 문제를 바라보는 자신의 시각을 재점검하는 것이다. 일례로 고객의 니즈를 파악하는 데서도 고객의 의견을 듣고, 종합하고, 의사를 결정하는 것이 항상 옳은가를 끊임없이 되돌아보아야 한다. 고객이 원하는 것에 무조건 맞출 것이 아니라 고객에게 줄 수 있는 진정한 가치가 무엇인지를 생각해야 한다. 판매왕이라 불리는 사람들은 일반적으로 '고객을 위한 맞춤'보다 '고객에 대한 컨트롤control'을 전략적으로 해나간다. 그들은 효과적인 컨트롤을 위해 '원칙'에 입각하여 '주도적이며 종합적인 판단'을 하는 길이 무엇인가를 신중히 고려한다. 이것이 바로 그들이 패러독스의 함정을 벗어나 문제를 해결하고 전문가로서의 위상을 굳건히 할 수 있는 포인트다.

영업의 패러다임이
바뀌었다

　분야를 막론하고 시장에는 매일같이 새로운 업체와 제품들이 넘쳐나고 있다. 여러 회사들이 야심차게 준비한 신제품과 서비스로 구애의 손길을 내민다. 그럼에도 불구하고 매출은 좀처럼 늘지 않는다. 그렇다면 한 발짝 물러서서 현실을 돌아볼 필요가 있다. 당신과 회사가 추구하는 전략이 무엇인지, 그 전략을 어떻게 달성할 것인지 원점에서부터 다시 생각해보아야 한다.

시대별 영업 관리자의 역할 변화

　영업 사원 및 영업 관리자의 역할은 시대의 흐름에 따라 변화해왔다. 이는 생산 시대, 판매 시대, 마케팅 시대, 그리고 파트너 시대의 4

	생산 시대	판매 시대	마케팅 시대	파트너 시대
영업 사원의 역할	공급자	판매자	문제 해결자	가치 창조자
영업 사원의 목표	판매	판매	고객의 니즈 충족	고객관계의 구축
영업 사원의 지향점	단기 매출실적	단기 매출실적	단기 매출실적 및 고객 니즈 충족	장기 매출실적 및 고객 니즈 충족
영업 사원의 주요 업무	주문 획득 및 실적	구매 설득	고객 니즈와 기존 제품과의 매칭	고객 니즈에 부합하는 새로운 대안 창출
영업 사원의 활동	방문 및 제품 소개	일방적인 고객 유도	적용 판매를 통한 고객 유도	고객관계의 구축 및 유지
영업 관리자의 관리 대상과 초점	개별영업 사원	개별영업 사원	개별영업 사원	영업팀
	효율적인 자원 배분, 보다 적극적인 업무 수행을 위한 동기부여	효율적인 자원 배분, 적극적인 업무 수행을 위한 동기부여	채용 및 능력 향상을 위한 교육훈련, 보다 효과적인 업무 수행을 위한 동기부여	채용 및 영업팀에 대한 동기부여, 리더십 및 갈등관리 기술의 개발

출처 : 웨이츠 바턴, 케빈 브래드포드 '영업과 영업 관리 : 관계 마케팅에 대한 조망' 마케팅과학회저널, 1999

단계로 구분할 수 있다.

생산 시대 영업 사원의 역할은 단기 매출의 극대화에 있었다. 고객방문 회수를 늘려 보다 많은 주문을 획득하는 데 집중했다. 이어서 판매 시대에는 공급이 수요를 초과해 경쟁이 존재하게 되었고 영업 사원의 역할도 단순히 제품을 소개하는 수준을 넘어 자사의 제품을 선택하도록 설득하는 데 초점이 맞춰졌다. 보다 공격적인 영업 스킬을 활용하여 주문을 획득하는 것이 영업 사원의 가장 중요한 역할이되었다. 따라서 제품의 장점을 설명하고 고객의 반론을 극복하고 판매를 종결시키는 클로징closing 스킬 같은 영업 스킬이 중요해졌다.

마케팅 시대의 화두는 단연 고객의 니즈였다. 이 시대의 특징은 공급자의 관점이 아닌 고객의 관점에 초점을 맞추기 시작했다는 데 있다. 시장이 성숙하고 경쟁이 심화되었기 때문이다. 이에 부응하여 영업 사원의 역할도 고객의 니즈를 충족시키는 데 두어졌다.

파트너 시대는 시장 환경이 보다 극심한 공급초과 현상을 보인다. 이에 따라 고객의 파워가 강해지고 요구 수준도 계속 높아진다. 영업의 초점은 고객이 수익과 가치를 창출할 수 있도록 하는 데 집중되고, 영업 사원은 이를 실현하는 활동에 주력한다. 즉 고객이 현재의 상황을 뛰어넘어 새로운 설비, 공정, 조직 등을 갖추게 도와줌으로써 시장에서 성장하고 성공하도록 기여할 수 있어야 하는 것이다. 그렇지 않으면 생존 자체마저 어려워진다.

지금은 어떤 분야든 공급업체들이 넘쳐나고 있으며 새로운 업체들이 계속 진입하고 있다. 구매자들도 새로운 공급업체를 찾기가 매우 용이해졌다. 단 한 번의 클릭으로 공급업체의 가격 정보나 특징을 금세 알아낼 수 있게 되었다. 구매자와 판매자 간 정보의 비대칭성이 완전히 사라진 것이다. 시장의 투명성이 높아지고 공급과잉으로 가격은 자꾸 낮아지고 무서운 속도로 제품의 범용화가 일어나고 있다. 이런 상황에서는 아무리 차별화된 스킬을 선보이고 효율적인 운영 시스템을 갖추어 고객과 긴밀한 관계를 유지한다 해도 수익을 내지 못할 수 있다.

탁월한 영업 사원은 '인사이트'를 판다

글로벌 컨설팅기업 CEB의 매슈 딕슨Matthew Dixon과 브렌트 애덤슨Brent Adamson은 전 세계 65개 회사, 12,000명의 영업 사원, 2,500명의 영업 관리자들을 대상으로 탁월한 영업 사원Top Seller들을 연구했다. 그들의 연구에 의하면 세계적으로 탁월한 영업 사원들의 공통점은 다음과 같았다.

'고객의 비즈니스를 심층적으로 이해하고 있으며 고객의 생각을 움직이고 고객사가 더 효과적으로 경쟁할 수 있는 새로운 방법을 코칭한다.' 또한 고객들의 높은 충성도는 다음과 같은 영업 사원들의 특징에서 비롯되는 것으로 드러났다.

* 시장에 대한 고유하고 가치 있는 관점을 제공한다.
* 여러 대안을 검토할 수 있도록 도움을 준다.
* 지속적으로 조언과 자문을 해준다.
* 새로운 이슈와 성과물에 대해 가르쳐준다.

이러한 특징들은 솔루션 영업의 핵심인 고객의 니즈 탐구를 통한 솔루션 제공을 뛰어넘는 새로운 패러다임의 현실화를 보여준다.

파트너 시대에 고객에게 진정 필요한 것은 고객에게 필요한 사항을 고객보다 더 잘 파악하는 영업 사원이다. 고객이 자신의 비즈니스에 대해서 다른 관점에서 생각할 수 있도록 도전하고 자극받을 수 있도록 통찰insight을 제공할 수 있는 영업 사원이 파트너 시대가 요구하는 영업 사원이다.

이 연구에서 고객이 영업 사원에게 가장 기대하는 것이 무엇인지에 대해 물었을 때 관계가 중요하다고 답한 응답자는 놀랄 만큼 적었

솔루션 세일 VS 인사이트 세일

	솔루션 세일	인사이트 세일
어떤 기업을 목표로 삼아야 하는가?	뚜렷한 비전과 수요가 있는 기업	최근에 발생한 수요가 있거나 유동성 있는 기업
어떤 정보가 있어야 하는가?	고객들의 니즈	고객들에게 내재되어 있으나 아직 인식하지 못하고 있는 니즈
언제 참여해야 하는가?	고객들이 공급자가 문제를 해결할 수 있는 것을 인지했을 때	고객들이 문제에 대하여 정확히 발견하기 전에
어떻게 대화해야 하는가?	질문을 통해 니즈를 파악하고 니즈와 해결책의 연결고리를 찾는다.	고객들이 무엇을 해야 하는지에 대한 통찰을 얻게 한다.
정보의 흐름을 어떻게 관리해야 하는가?	고객들의 구매 프로세스에 따라 질문한다.	고객들에게 구매 프로세스 내내 구매하는 방법을 코칭해주고 지원해준다.

출처 : 브렌트 애덤슨, 매슈 딕슨, 니컬러스 토먼 '솔루션 영업의 종말' 하버드비즈니스리뷰, 2012. 7~8

다. '관계를 맺어놓으면 영업은 저절로 따라온다'는 오래된 통념은 더 이상 진실이 아니다. 관계가 좋아도 소용없다. 고객은 자신의 성장과 발전을 도와줄 수 있는 상대와 계약하기 때문이다. 이제 관계는 고객에게 통찰을 제공하고 성공할 수 있도록 도와주었을 때 얻어지는 것이지, 관계를 통해 거래가 이루어지는 것이 아니라는 사실을 분명히 인식해야 할 때다.

이제는 영업의 패러다임을 바꾸어야 한다. 당신뿐 아니라 고객 또한 매출과 성장에 대한 심한 압박을 받고 있다. 따라서 고객이 자신이 바라는 성장과 성공을 도와줄 수 있는 공급자를 비즈니스 파트너로 삼고 싶어 하는 것은 당연한 이치다.

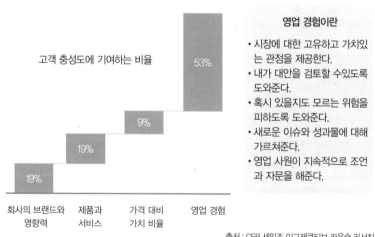

고객 충성도 유발 요인

고객 충성도에 기여하는 비율

53%

9%

19%

19%

회사의 브랜드와 영향력

제품과 서비스

가격 대비 가치 비율

영업 경험

영업 경험이란

• 시장에 대한 고유하고 가치있는 관점을 제공한다.
• 내가 대안을 검토할 수있도록 도와준다.
• 혹시 있을지도 모르는 위험을 피하도록 도와준다.
• 새로운 이슈와 성과물에 대해 가르쳐준다.
• 영업 사원이 지속적으로 조언과 자문을 해준다.

출처 : CEB 세일즈 이그제큐티브 카운슬 리서치

그림에서 보는 것처럼 좋은 제품, 브랜드, 서비스는 기본이다. 만약 이런 기본적인 것도 갖추지 않았다면 고객이 당신과 만날 이유가 없다. 최고의 공급자와 나머지를 구분 짓는 것은 제품의 질이 아니라 통찰력이 주는 가치다. 즉 고객이 이전에는 불가능하다고 생각한 방법으로 수익을 내거나 비용을 줄일 수 있는 새로운 아이디어를 줄 수 있느냐 없느냐가 성패의 관건이다. 이런 의미에서 고객 충성도는 영업 사원이 무엇을 파느냐가 아니라 어떻게 파느냐에 달려 있다.

이제는 영업 사원이 자신이 아닌, 고객과 고객사의 성공에 초점을 두어야 한다. 당신의 도움으로 고객이 얼마나 성공했느냐가 당신의 성공을 판단하는 기준이 될 것이다. 당신이 가진 모든 자원을 동원해 고객의 목표와 꿈을 달성할 수 있도록 최선을 다하라. 영업은 '고객의 성공을 도와주는 것'이다.

그런 의미에서 지금은 파트너의 시대를 지나 코치의 시대가 되었다고 할 수 있다. 고객의 성장과 성공을 도와줄 수 있는 코치가 되어야 한다. 파트너와 코치의 역할은 새로운 가치를 고객에게 제공한다는 면에서 공통점을 갖고 있지만 지향하는 목표가 근본적으로 다르다. 파트너로서 영업 사원의 목표가 '고객과의 관계 구축'이라면 코치로서 영업 사원의 목표는 '고객의 성공 지원'이다. 코치는 가치를 제공하는 관계를 넘어 새로운 통찰을 제공하고 고객이 한 단계 더 성장할 수 있는 도전의 기회를 부여한다.

비즈니스 통찰을 얻으려면

영업 사원들에게 고객이 지금 가장 원하는 것이 무엇인지 물어본다면 대부분은 안다고 할 것이다. 그러나 많은 영업 사원들이 고객사의 비즈니스가 어떤 방향으로 나아가고 있는지 큰 그림을 그리지는 못한다. 고객의 목표는 무엇인지, 어떻게 그 목표를 달성할 것인지 말이다. 그것을 알아내는 데는 고객사의 사업에 대한 통찰이 필요하다.

통찰은 해당 사업에 대한 근본적인 이해가 있을 때 생긴다. 그래야 고객에게 그들의 사업과 미래에 대한 통찰을 제공할 수 있다. 영업 이익, 현금 흐름, 투자 회수율 그리고 사업 성장 속도 등은 기본적인 정보에 불과하다. 나아가 고객사가 어떻게 돈을 벌고 있으며, 가장 중요하게 생각하는 목표와 우선순위가 무엇인지 알아야 한다. 거의 모든 회사들이 수치화된 장단기 목표가 있다. 그리고 그 목표를 달성하기 위해 무엇을 해야 하는지도 생각하고 있다. 때로는 그 회사의 연차 리포트나 IR자료, 사원들끼리 나누는 이메일이나 홈페이지의 게시판 등을 통해서도 회사의 목표에 관해 간접적으로 알아낼 수 있다. 하지만 여러 목표들 가운데 무엇이 핵심인지를 아는 것이 중요하다.

솔루션 영업은 끝났다. 가치 있는 통찰을 제공하라.

영업 혁신,
'사회적 자본' 축적이 먼저다

　새로운 패러다임에 맞게 영업을 혁신하기 위해서는 무엇보다 '사회적 자본Social Capital'이 중요하다. 투명성과 신뢰의 사회적 자본이 있어야 이를 기반으로 협력과 조화가 가능하며, 의도한 혁신을 성공적으로 이루어낼 수 있다. 본사와 거래처의 공동 목표인 영업 생산성 향상도 구체적인 실행을 위해서는 상호 신뢰와 협력이 필수적이다. 양자의 관계가 '사회적 부채Social Debt'가 되어서는 아무것도 이루어지지 않는다. 모든 영업의 초점을 사회적 자본을 축적하는 활동에 맞추어야 한다.

　《트러스트》의 저자인 프랜시스 후쿠야마는 신뢰는 '사회적 자본을 이끄는 밭'이며 높은 신뢰감이 법이나 계약 따위의 형식적인 절차를 줄여 성과를 올리고 비용을 절약할 수 있게 해준다고 말했다. 아울러 지역이나 가족을 넘어서는 신뢰감이 사회적 협력을 촉진한다는 점도 강조했다.

그렇다면 신뢰는 무엇을 근거로 할까? 그것은 어떻게 만들어지는 것일까? 가끔 TV에서 보이는 북한군 장교들의 모습에서 단서를 발견할 수 있다. 그들은 한결같이 군복에 훈장을 주렁주렁 달고 있다. 한편으로 촌스러워 보이지만, 다른 한편으로 역전의 용사 혹은 무공을 많이 세운 군인이라는 인상을 주기도 한다. 권위와 신뢰의 증표로 해석될 수 있다.

훈장 같은 신뢰의 상징을 내세우려는 모습은 대학이나 기업도 예외가 아니다. 대학들은 우수한 경영대학원의 자격을 인증하는 미국의 AACSBThe Association to Advance Collegiate School of Business, 국제경영대학발전협의회, AACSB보다 자격 요건을 한층 강화한 유럽의 EQUISEuropean Quality Improvement System, 유럽 경영교육인증, 그리고 MBA과정에 부여하는 AMBAThe Association of MBAs, MBA협의회의 인증을 받기 위해 애쓰고 있으며, 인증을 받은 대학원들은 홍보와 학생 모집에 이를 적극 활용하고 있다(이 3가지 인증을 다 받으면 '트리플 크라운Triple Crown'이라고 한다). 모두가 교육프로그램의 신뢰 수준을 내보이려는 시도다.

기업들도 각종 수상 사실을 전면에 내건다. 고객만족대상이나 브랜드대상이 신뢰도를 높이는 데 효과적이라는 것을 잘 알기 때문이다. 일본 기후현에 위치한 어느 건강식품회사는 독특한 원료로 만든 건강식품을 영업 사원 2만여 명을 통해 일본과 동남아 등지에서 판매하는 회사였다. 건물 꼭대기 층에 있는 전시관에는 눈에 띄는 것이 2가지 있었는데, 그들이 사용하는 원료의 우수성을 보여주는 특허, 세계적인 병원의 임상 결과, 유명 연구소에서 받은 인증서와 함께 연도별 최고 영업 사원의 사진을 전시하고 있었다. 보는 이들에게 판매에 대한 도전의식을 북돋우고 신뢰감을 불어넣으려는 것이다.

신뢰는 저절로 생기지 않는다. 인증과 수상 사실을 알리고 영웅을 만드는 노력을 통해 신뢰가 쌓이고 강화된다. 거래처가 본사를, 직원과 고객이 회사를, 국민이 정부를 믿게 하려면 믿음의 원천이 될 수 있는 핵심 요소가 무엇인지를 파악해서 이를 충족시키는 구체적인 행동이 뒤따라야 한다. '신뢰 체계'를 구축해야 하는 것이다.

신뢰 체계가 기업에 특별히 중요한 2가지 이유

신뢰 체계를 구축하는 일이 기업에 특별히 중요한 이유는 크게 2가지로 정리할 수 있다.

우선, 잘 만들어진 신뢰 체계는 강력한 '세일즈 토크Sales Talk'의 핵심이 된다. 예를 들어보자. 많은 기업들이 홈쇼핑을 활용하고 있다. 대부분의 기업들은 제한된 시간 내에 많은 판매가 이루어지기를 기대하지만, 일부 기업들은 단순히 그렇게 하지 않는다. 홈쇼핑 판매를 준비하는 과정에서 소비자들에게 신뢰를 전달하는 방법을 찾아내서 세일즈 토크에 반영하며, 방송은 물론 판매 교육과 현장에서도 활용한다. 《장사의 시대The Art of the Sale》의 저자인 필립 델브스 브러턴Philip Delves Broughton은 장사란 좋은 이야기를 파는 일이라고 하면서, 고객이 거부하기 힘들 정도로 매력적인 이야기를 만들어가는 일이 무엇보다 중요하다는 점을 강조했다.

매력적이고 설득력 있는 말의 배후에는 신뢰 체계가 자리 잡고 있다. 직원들에게 밖에 나가서 회사와 상품을 열심히 홍보하라고만 하지 말고 체계적으로 정리하여 고객들이 수긍할 수 있는 세일즈 토크를 만들어내고 이를 공유하는 것이 필요하다.

잘 만들어진 신뢰 체계가 중요한 두 번째 이유는 신뢰 체계가 제품의 패키지 디자인과 리플릿 등의 훌륭한 재료가 되고 일관된 아이덴티티를 제공하기 때문이다. 그와 동시에 제품별로 STPSegment 세분화, Target 목표시장, Positioning 포지셔닝 전략을 재설정하여 기존 제품의 강화와 확산의 기회는 물론 신제품의 개발 단서를 발견하게 해준다.

어떤 성공적인 패션기업 설립자를 만난 적이 있다. 그는 젊었을 때 중국집을 운영하여 사업 기반을 닦았는데, 이 얘기 저 얘기를 하다가 중국 음식점이 성공하기 위한 핵심이 무엇일 것 같으냐고 물어왔다. 잠시 궁리 끝에 짜장면이라고 했더니 정답이라고 하면서 "그러면 왜 짜장면이 중국집 성공의 핵심이라고 보느냐?"고 다시 물었다. 답을 못하고 있었더니 "그야 간단하다. 고객들은 짜장면이 맛있어야 다른 메뉴도 맛있다고 생각한다"고 말해주었다. 그가 또 "일식집의 핵심은 무엇이라고 보느냐?" 하고 물었다. 겨우 몇 가지 답을 꺼냈지만 그는 다 아니라고 했다. 일식집의 핵심은 고객이 보는 앞에서 직접 요리를 하면서 고객을 상대하는 셰프Chef라는 것이었다. 그러면서 유능한 셰프는 많은 단골고객들을 확보하고 있으며, 그들을 디테일하게 파악하고 있기 때문에 자기만의 고객 응대 방법으로 신뢰를 심어준다고 말했다.

핵심에 대한 신뢰는 다른 모든 것에 지대한 영향을 미친다. 짜장면이 맛있으면 다른 음식들도 맛있을 거라고 기대하게 되는 것처럼 말이다. 또한 그날그날의 메뉴를 설명해주는 일식집의 셰프처럼 신뢰 체계에 기반한 세일즈 토크를 할 수 있어야 한다. 구체적인 세일즈 토크를 통해 개념적인 신뢰 체계를 현실적인 신뢰감으로 전환하는 것이 고객관계를 탄탄하게 만든다.

신뢰 체계 구축의 성공 조건

기업이 신뢰 체계 구축에 성공하기 위해서는 다음의 3가지를 염두에 두어야 한다.

첫째, 관점의 중심을 고객에 두어야 한다.

기업에 중요한 것은 절대 고객수를 확대하는 것이다. 이를 위해서는 현장의 영업 사원과 중간 채널(대리점 등)도 고객 중심의 관점을 유지해야 한다. 신뢰 체계 자체는 본사의 영역이라고 할 수 있지만, 동시에 현장에서의 직접적인 활동으로 구현되고 축적되는 것이다. 고객과의 접점에 있는 한 사람 한 사람이 회사의 제품, 인증, 특허 같은 신뢰 시스템을 이해하고 있는지를 점검하는 것으로부터 시작하여 본사와 현장이 함께 고객 중심의 관점을 가지고 실제 활동을 벌여나갈 수 있는 조건을 마련할 때 신뢰 체계가 구축되고 더 많은 고객을 유치할 수 있다.

둘째, 디테일이 승부를 가른다는 점을 잊지 말아야 한다.

'구슬이 서 말이라도 꿰어야 보배'라는 말이 있다. 신뢰 체계를 구성하는 재료들이 아무리 많아도 완성을 위해서는 디테일한 노력들이 필수불가결하다. 대표적인 성공 사례로 회자되는 사우스웨스트항공이 대단한 전략으로 그 같은 성공을 거둔 것이 아니다. 물론 전략이 있었지만 가장 큰 성공 요인은 현장의 디테일을 챙기고 일관되게 실행한 것이었다.

창업자인 하워드 퍼트넘Howard Putnam이 제시한 10가지 전략을 살펴보면 하나같이 단순하고 사소한 것들이다. 하지만 무엇을 해야 하고 하지 말아야 하는가가 명확히 드러난다.

하워드 퍼트넘의 10가지 전략

1. 2시간 이하 거리만 운항하는 단거리 항공사로 계속 유지할 것
2. 향후 10~20년 동안 보잉 737을 주요 기종으로 활용할 것
3. 비행기 탑승률을 높이고, 10분 이내에 재운항할 것

4. 승객이 최대 고객이며, 화물이나 항공우편을 취급하지 말 것

5. 저렴한 운임과 잦은 운항횟수를 유지할 것

6. 기내식 서비스를 하지 말 것

7. 텍사스 노선을 최우선으로 하고, 승객이 많은 단거리 운항 시 장이 있을 경우에만 주간州間 운항할 것

8. 모든 것을 단순화할 것자동티켓 발매, 탑승좌석 선택 불가, 간소한 컴퓨터시스템. 매일 댈러스공항 귀항: 하나의 항공기지와 정비소만 보유할 것

9. 타 항공사와 환승 연계서비스를 하지 말 것비용이 발생하며 우리의 차별화 된 공항은 연계운송에 부적합

10. 가족과 고객이 우리의 서비스와 즐거운 분위기에 감동받게 할 것우리는 사우스웨스트항공 직원이라는 자부심이 있다

좋은 전략은 이렇듯 세부적이며, 구체적인 실천이 뒤따르게 만든다. 신뢰는 그런 전략의 자연스러운 결과다.

셋째, 일관성이 중요하다.

'일관성'이라는 말에는 3가지의 의미가 있다. 전체 조직으로부터 영업 사원까지의 일관성, 기획부터 실행까지의 일관성, 기업의 전문성부터 이를 언어화하기까지의 일관성이다.

한 유명 알로에기업은 "우리는 전 세계 생산 물량의 60%가 넘는 최대의 알로에 산지를 보유하고 있으며, 세계 최다의 권위 있는 알로에 특허도 갖고 있다"는 점을 판매원과 고객에게 일관되게 강조한다.

산지의 토양과 기후 특성이 알로에 성장에 어떤 도움을 주는지, 자사의 생산기술이 얼마나 뛰어난지, 그것이 알로에제품에 어떤 영향을 미치는지 등을 과학적 근거를 곁들여 체계적으로 표현하는 한편, 산지–기술력–생산 방법–판매망으로 이어지는 각 단계마다 타당하고 고객 지향적인 메시지를 일관되게 전달함으로써 판매원과 고객의 신뢰를 얻는다.

신뢰 체계의 구축과 정착은 한두 마디의 구호나 결의로 이루어질 수 없다. 신뢰는 고객 중심의 관점, 디테일에 대한 집중, 일관된 메시지와 꾸준한 활동으로 증명되어 만들어지는 결과이기 때문이다. 특히 지금과 같은 스마트 시대에는 고객이 수용할 수 있는 플러스 알파, 즉 믿음이 더욱더 중요한 의미를 갖는다. 믿음이 없이는 어떤 것도 효과를 거두기 어렵다. 제품, 판매, 고객관계 관련 활동뿐만 아니라 영업을 혁신할 때도 믿음이 토대가 되어야만 성공을 거둘 수 있다. 따라서 다른 무엇보다 스스로 갖고 있는 신뢰 체계를 점검하여 새롭게 구축하는 일에 모든 노력을 기울여야 한다.

사람들에게 "당신은 누구를 신뢰하는가?", "그 사람을 왜 신뢰하는가?", "무엇이 그 사람을 신뢰하게 하는가?"라는 질문을 하면 보통은 좋은 사람, 진실한 사람, 도덕성이나 성실한 사람 등 성품에 대해 주로 이야기한다. 물론 성품이 신뢰에 필수적인 것은 분명하지만 성품만으로 신뢰가 생기는 것은 아니다.

신뢰는 성품과 역량이라는 2가지 요소를 기반으로 한다. 성품은 성실성, 동기, 의도를 포괄하고 역량은 능력, 기술, 성과, 실적을 포함한다. 어떤 사람이 진실하고 정직하더라도 성과를 내지 못하면 완전히 신뢰하기 어렵다. 그 반대의 경우도 마찬가지다. 어떤 사람이 재능과 기술이 뛰어나고 실적이 좋다 해도 정직하지 않으면 신뢰할 수 없다. 따라서 신뢰 체계를 점검할 때는 이 2가지 측면을 다 고려해야 한다.

지금까지 본론에 들어가기 전에 영업에서 우리가 간과하기 쉬운 비즈니스의 역설Paradox과 새로운 패러다임, 선진 영업의 기반이라 할 수 있는 사회적 자본에 대해 알아보았다. 그러면 이제 본격적으로 새로운 영업의 패러다임에 걸맞은 전략적, 시스템적, 과학적 영업 혁신에 대해 살펴보기로 하자.

인사이트 셀링 시대, 영업은 어디로 가는가

1장

좌표와
방향을
정하라

: 전략적 영업(Strategic Selling)

환경에 적응하지 말고
환경을 창조하라

　세계적인 경제학자 조지프 슘페터 Joseph Schumpeter는 일찍이 자신의 경제론에서 자본주의의 원동력은 '창조적 파괴'임을 역설했다. 기존의 질서와 경영 방식을 파괴하여 새로운 것을 창조하는 원리를 주장한 것이다. 실제로 구글과 페이스북으로 대표되는 21세기의 성공 기업들을 보면 공통적으로 '끊임없는 창조와 혁신'의 과정을 거쳤다는 사실을 알 수 있다. 20세기를 주름잡던 세계적인 기업들이 무너진 이유는 정확히 그 반대다. 자신의 역량을 과신한 나머지 창조적 파괴를 하지 않아 급변하는 시장 환경과 경쟁에 제대로 대처하지 못했기 때문이다. 그래서 지금은 어딜 가나 창조와 혁신을 화두로 이야기가 펼쳐진다.

　그렇다면 창조와 혁신의 시대에 기업이 취해야 할 방법은 무엇일까? 환경의 변화에 적응하려 하지 말고 기업 스스로 외부 환경을 재구성하는 노력을 계속하는 것이다. 적응은 성장의 한계가 있을뿐더러 언제나 쫓아가야 하는 처지에서 벗어날 길이 없다. 기존의 핵심 역량을 체계적으로 파괴해나가면서 새로운 환경을 만들 수 있어야 한다. 이때 방향타는 명확한 비전이고, 실행은 지속적인 혁신이며, 이를 가능케 하는 근본적인 원동력은 '창조적 메커니즘'이다. 바로 이것이 기업의 미래를 열어가는 핵심 패러다임, 즉 '환경창조 경영'이다. 환경창조 경영은 최근에 새롭게 등장해서 주목을 받고 있는 미래 경영의 화두다.

물론 기업이 성과를 내기 위해서는 마이클 포터Michael E. Porter 하버드대학 교수가 말한 것처럼 환경에 적절히 대응도 해야 하고, 게리 해멀Gary Hamel 런던비즈니스스쿨 교수가 주장한 것처럼 모방 불가능한 핵심 역량도 개발해야 한다. 하지만 보다 장기적으로 경쟁력을 공고히 하기 위해서는 기업에 필요한 환경을 창조하는 메커니즘을 갖춰야 한다. 아무리 뛰어난 포지셔닝 전략환경 적응 패러다임이 있어도 이를 지속적으로 유지할 수 있는 핵심 역량역량 개발 패러다임이 없으면 경쟁에서 뒤처지게 된다. 또 우수한 핵심 역량을 갖고 있어도 기업을 움직이는 메커니즘이 견고하지 않으면 선도 기업의 위상을 계속해서 이어가기 어렵다. 창조와 혁신의 시대에 경영자가 해야 할 가장 중요한 일은 바로 '환경창조 메커니즘을 구축하는 경영'을 실현하는 것이다.

영업의 미래

환경창조 기업을 만드는 3가지 조건

기업에 환경창조 메커니즘을 구축하기 위해서는 다음의 3가지 조건이 충족되어야 한다.

첫째, 경영자가 투철한 '기업가 정신Entrepreneurship'으로 무장되어 있어야 한다.

기업가 정신은 새로운 성장 동력을 찾거나 기존 사업에 활력을 불어넣고자 하는 기업에 필수불가결한 요소다. 과거 산업화 시대에는 기업가 정신이 창조보다 실행 중심이었다. 미국에서는 철강업의 앤드류 카네기, 한국에서는 정주영 회장과 박태준 회장으로 대표되는 '하면 된다'라는 실행과 추진력이 기업가 정신을 대표했다. 하지만 21세기의 기업가 정신은 다르다. 환경창조 경영 패러다임 하에서의 기업가 정신은 스티브 잡스와 마이크 저커버그의 예에서 알 수 있듯이 창조와 혁신이 중심이다. 지금의 경영자에게는 창조와 혁신을 바탕으로 새로운 성장 동력을 만들어낼 것이 절실히 요구된다. 또한 어떻게 하면 기업을 환경창조 경영을 실현할 사람들로 채울 수 있는가에 대한 고민도 필수적이다.

둘째, 경영자가 사업을 바라보는 관점을 전환해야 한다.

관점의 전환을 위해서는 사업을 제품이나 서비스 차원이 아니라 비즈니스 모델 차원에서 봐야 한다. 이는 다시 말하면 기존 사업에 대한 체계적인 폐기를 의미한다. 폐기 없이는 새로운 비즈니스 모델의 설계가 어렵기 때문이다. 이를 통해 사업 방식을 근본적으로 재설계하고 시장의 경쟁 질서를 바꾸는 데까지 나아갈 수 있어야 한다. 커피 시장에서의 네스프레소, 가구산업에서의 이케아, PC산업에서의 델과 애플, 항공산업에서의 사우스웨스트항공 등은 비즈니스 모델적 관점에서 사업 방식을 혁신하여 새로운 경쟁의 장을 개척함으로써 대성공을 거둔 대표적인 기업들이다.

셋째, 실행 방법을 갖고 있어야 한다.

이와 관련해서 우리 기업들이 주목할 만한 이슈로 '디자인 전략'과 '인수합병M&A 또는 전략적 제휴JV, Joint Venture'가 있다. 기존 사업이라면 디자인 전략을, 신규 사업이라면 인수합병이나 전략적 제휴를 고려한다. 일반적으로 디자인 하면 로고나 심벌, 패키지 디자인 등의 '포장' 개념을 떠올리는데, 이는 좁은 시각으로 본 것이다. 미래 경영에서는 디자인을 기업 경영의 시각으로 폭넓게 봐야 한다. 기업에 필요한 창조적 영감으로 해석할 필요가 있다. 인수합병과 전략적 제휴는 기업의 신성장을 이끄는 주요 수단으로 자리 잡고 있다. 삼성이 글로벌 인수합병을 적극적으로 전개하고 구글이 2001년 이후 2011년까지 102개 기업을 인수한 것도 부족한 부분을 채워 기술적 생태계에서 경쟁우위를 확보하려는 전략적 목적을 달성하기 위함이다. 그러나 아직도 많은 경영자들에게는 인수합병이나 전략적 제휴가 낯설고 취약한 것이 현실이다. 그렇지만 환경창조 경영 패러다임하에서 기업의 성장과 발전을 도모하기 위해서는 이를 적극적으로 활용하는 쪽으로 시선을 돌려야 한다.

경제적 가치와 사회적 가치를 동시에 추구하라

환경창조 경영을 위해 경영자가 놓치지 말아야 할 것이 있다. '시대의 흐름'이다. 구소련 몰락 이후 더욱 본격화된 신자유주의 흐름이 2008년 금융위기의 광풍으로 한풀 꺾이면서 새로운 자본주의 패러다임에 대한 요구가 거세게 일어났다. 그러면서 기업과 사회의 공존이라는 화두가 대두되었고, 경영도 사회적 책임이라는 틀 위에서 기능해야 한다는 인식이 확산되었다. 경제적 가치만이 아니라 사회적 가치도 동시에 추구해야 한다는 것이다.

그동안 기업들은 경제적 가치와 사회적 가치를 상충관계로 생각해왔다. 사회적 가치를 비용으로 간주했던 것이다. 그런데 이제는 경제적 가치와 사회적 가치를 상생의 관계로 바라보는 학자와 경영자가 점점 많아지고 있다. 실제로 네슬레나 풀무원 같은 기업들의 사례가 속속 등장하여 그 현실성을 증명하기도 했다.

경영학에서는 두 가치의 교집합을 '가치 공유Shared Value'라고 하고, 교집합 부분을 찾아가는 활동을 탐색이 아닌 '창조Creating'라고 부른다. 그러므로 '공유 가치 창조CSV, Creating Shared Value'는 창조와 가치 공유를 동시에 추진하는 것을 말한다. 현재 CSV는 새로운 경영의 수단으로서뿐만 아니라 기업의 본질적인 가치를 구현하는 경영 활동으로 주목받으며, 환경창조 경영 패러다임의 주된 흐름으로 자리 잡아가고 있다.

앞으로는 경영자가 기업가 정신으로 무장하고, 자원과 제품이 아닌 비즈니스 모델 차원의 혁신으로 CSV를 추구해나가야 한다. 이러한 경영 접근법이야말로 21세기에 맞는 환경창조 기업의 본모습이라고 할 수 있다.

비즈니스 모델을
다시 짜라

기업들은 항상 '지속 가능한 경쟁력'이 무엇인가를 고민해왔다. 그에 따라 지난 30~40년간은 경영 전략을 수립하고 실행하는 데 관심의 초점을 두었다. 그런데 지금은 전략 대신 '비즈니스 모델Business Model'에 주목하게 되었다. 이는 환경의 변화에 기인한 자연스러운 귀결이다. 규제 완화, 기술의 발전, 국제화 등에 의해 시장이 지역별, 계층별로 급격히 세분화되었고, 성장의 둔화와 저가제품 기반 사업의 성장으로 기존 사업에 대한 위협이 날로 커졌기 때문이다.

비즈니스 모델에 대한 정의는 학자들마다 조금씩 다르다. 경영의 대가인 피터 드러커는 "누가 고객이고, 고객의 가치는 무엇이며, 어떻게 적정한 가격으로 가치를 전달할 것인가에 대한 답"이라고 했고, 클레이튼 크리스텐슨Clayton Christensen 하버드 경영대학원 교수는 "비즈니스 모델은 고객 가치 제안, 이익 공식, 주요 자원, 주요 공정으로 구성 되어 있다"고 말했다. '기업이 작동하는 방법을 설명하는 스토리'라고 말하는 학자도 있다. 종합하면 비즈니스 모델은 '어떤 상품을 누구에 게 어떻게 판매할 것인가를 설명하는 기본 설계도'라고 할 수 있다_{이동} 현 《깨달음이 있는 경영》. 즉 시장에서 어떻게 가치를 창출할 것인가를 설명하 는 것이다.

비즈니스 모델이 중요한 이유는, 주기가 짧아진 시장 사이클 속 에서 신속하고도 견고한 결과를 확보하여 경쟁업체보다 더 큰 가치를 창출해야 하기 때문이다. 이에 따라 비즈니스 모델에 대한 관심과 논 의가 더욱 활발하게 이루어지고 있으며, 최근에는 비즈니스 모델을 통한 가치 형성과 수익 창출 방법을 둘러싼 변화가 급속도로 진행되 고 있다.

비즈니스 모델은 가까이 있다

비즈니스 모델이 중요함에도 불구하고 기업들은 이를 통한 경쟁 력 확보에 적극적으로 나서지 않는 모습을 보인다. 잘못 형성된 인식 탓이다. 비즈니스 모델이 해당 기업의 사업 환경과 동떨어진 아이디 어로부터 나온다는, 그래서 현재 사업과의 연계 효과가 거의 없다는 생각 때문이다. 그러나 진정한 비즈니스 모델은 기업이 속한 산업과 어떤 형태로든 상호작용하며, 경쟁업체의 비즈니스 모델과도 영향을 주고받게 마련이다. 비즈니스 모델이 실패하는 경우의 대부분은 타사와의 경쟁을 고려하지 않은 데서 비롯된다. 따라서 비즈니스 모델을 고려할 때 경쟁의 일선인 영업을 소홀히 해서는 안 된다. 그런데도 비즈니스 모델과 영업 모델을 분리해서 생각하는 경우가 많다. 비즈니스 모델은 사업 전체를 다루는 일이고 영업은 단지 하나의 기능을 수행하는 것이라고 주장한다. 그러나 둘은 따로 가는 별개의 영역이 아니다. 심지어 영업 모델이 곧 비즈니스 모델이 되는 경우도 어렵지 않게 찾아볼 수 있다.

글로벌 여행컨설팅업체인 칼슨 와곤릿 트래블Carson Wargonlit Travel, CWT은 150여 개국 3,000여 곳의 지사에 19,000여 명의 직원을 거느린 기업이다. 2011년에는 281억 달러의 매출을 기록했다.

CWT의 사업에는 몇 가지 특징이 있다. 먼저, 다양하고 강력한 고객층의 포트폴리오다. 이름만 들어도 알 만한 수많은 글로벌 기업들을 고객사로 두고 있는데, '포춘 글로벌 100대 기업'의 과반수가 여기에 포함되어 있다. 게다가 매우 높은 고객만족도 지수를 자랑한다. 고객사 유지율이 95%, 출장 담당자 만족률이 96%일 정도로 높은 만족 수준을 보인다2011년 기준. 맞춤 여행에 숙련된 노하우를 가진 직원들이 글로벌 네트워크와 최적의 업무 프로세스, 첨단 여행서비스 기술로 고객의 입장에서 최고의 서비스를 제공하며, 고객사의 예산 수립과 집행 및 경비 절감까지 도와준 결과다. 또 CWT는 일반적인 여행업체와 달리 효율적인 비즈니스 여행에 필요한 컨설팅과 제안으로 서비스의 수준을 획기적으로 높이는 영업 모델을 가지고 있다. 고객사 스스로 여행 관련 패키지를 자유롭게 디자인할 수 있게끔 포털사이트를 구성하여 전체 항공 스케줄과 호텔 정보를 보고 직접 선택하는 것은 물론 시장 가격과 비교해서 자신의 선택이 합리적인 것이었는지를 쉽게 알 수 있게 한다. 이렇게 비즈니스 여행과 관련한 전문화된 컨설팅과 IT서비스로 수많은 글로벌 기업들을 회원으로 확보할 수 있었고, 확보된 고객들을 기반으로 항공사나 호텔과의 협상에서도 유리한 고지에 설 수 있었다.

CWT의 비즈니스 모델

타의 모범이 되기에 충분한 CWT의 비즈니스 모델은 크게 4가지로 정리할 수 있다.

첫째, 강력한 고객 기반물량으로 공급자항공사, 호텔 등에 대한 교섭에서 우위를 점한다.

둘째, 자신만의 서비스 패키지로 고객만족을 추구하는 동시에 고객을 지속적으로 잡아두는lock-in 영업 모델을 실현한다. 즉, 고객이 요구하는 솔루션을 뛰어넘어 획기적인 서비스놀랄 만한 가격, 편리한 예약 절차, 수준 높은 연결 시스템 등로 고객 이탈을 방지하는 것은 물론, 일단 CWT의 서비스를 받으면 더 이상 다른 대안을 선택하기 어려울 만큼 많은 교체 비용이 발생하는 서비스 구조를 만든다.

영업의 미래

셋째, 각종 온라인 기반의 IT시스템은 물론, 고객 친화적인 여행 정보 서비스를 제공함으로써 고객이 다른 여행업체로 바꾸는 것이 힘들도록 함으로써 진입장벽을 형성한다.

넷째, 전문적이고 체계적인 영업으로 기존 여행산업의 대체재로 역할하는 모델을 구성한다. 기존의 여행산업은 여행사에서 고객에게 상품을 제공하고 고객이 자신의 조건에 맞추어 패키지를 선택하는 전통적인 방식이었다. 그러므로 여행사는 고객의 니즈를 사전에 파악해야 하고 파악한 것을 근거로 상품을 만들어 제공해야 했다. 반면에 CWT는 최고 수준의 호텔, 항공 서비스를 가장 저렴한 가격에 다양한 설계가 가능하도록 제안함으로써 글로벌 기업들을 회원으로 유치할 수 있었다. 기존 여행사들의 영업 모델과 서비스를 혁신한 결과였다.

영업 모델로
고객을 잡아라

기업의 경영자나 영업 관리자가 영업 모델과 정책을 수립할 때는 끊임없이 '그래서 우리는 고객을 잡아두기 위해 무엇을 했는가?'라는 자기 질문과 점검을 해야 한다. 이와 관련한 사례를 살펴보자.

일본에서 주목받고 있는 기업 중 하나인 토호Toho는 1947년 창업했다. 처음에는 수입 원두커피를 호텔에 납품했는데, 이후 네슬레 수입제품의 주요 유통업체가 되고 커피를 비롯한 다양한 식품까지 납품하면서 식자재 유통업체로서의 기반을 마련하게 되었다. 그리고 1960년 B2C 슈퍼마켓 사업인 토호스토어 1호점을 개점하며 냉장유통 체계를 마련했고, 1987년에는 B2B 고객 확대를 위해 매장형 사업인 A프라이스A-Price를 시작했다. 그때부터 지금까지 물류 인프라의 선진화, 제품 구색 확대 같은 역량 강화와 지역적 확대를 통해 꾸준히 성장해왔다. 그 결과 일본 전역의 75만 외식점포 가운데 약 20만 곳과 거래하기에 이르렀다.

토호 성장의 비밀

토호의 특징은 시작부터 지금까지 주요 고객들을 대상으로 사업을 확장해왔다는 점이다. B2C 고객을 대상으로 하는 슈퍼마켓 사업을 제외하면, 호텔과 레스토랑 등 비교적 규모가 큰 외식업체를 상대로 하는 식자재 유통사업Cash & Delivery 모델. 구입 업체에 배달과 중소 외식업체에 캐시 앤드 캐리Cash & Carry. 구매자가 직접 운반 형태로 판매하는 A−Price가 모두 식자재 유통을 중심으로 영역을 확장한 것이다.

최근에는 단체급식에서도 매출이 증가 추세를 보이고 있다. 이에 따라 2004년 41개이던 사업소가 2009년에는 51개로 늘어나게 되었으며, 9만여 가지에 달하는 아이템을 취급하며 일식과 양식, 중식 등 모든 식자재를 공급하고 있다.

또한 고객사에 트렌드에 맞는 메뉴를 제안하고 신상품 정보를 효과적으로 제공하기 위해 각 사업소에 프레젠테이션룸을 설치하여 정기적으로 전시 상담회를 개최하고 있다. 한 번 고객을 영원한 고객으로 만들기 위한 노력을 쉬지 않고 이어가는 것이다.

영업의 핵심은 영업 사원의 판매 부담과 고객의 구매 부담을 줄이는 것이다. 뒤집어 말하면 판매 의욕과 구매 의욕을 높이는 것이라고 할 수 있다. 그러기 위해서는 끊임없는 혁신을 통해 제품에 대한 신뢰를 강화하고, 맞춤 제안을 통해 고객 스스로도 알지 못했던 욕구까지 개발하여 접근할 수 있어야 한다. 그런 의미에서 토호는 영업의 핵심을 제대로 알아 실천하는 기업이라고 할 수 있다.

영업 모델의 핵심

영업은 대상 고객에 따라 목표와 모델이 달라진다. 신규 고객을 대상으로 할 경우에는 절대 고객 수 증가가 목표가 되고, 고객 수를 늘리기 위한 각종 활동이 영업 모델이 된다. 기존 고객에 대해서는 충성 고객 수 확대를 목표로 고객을 지속적으로 묶어둘 수 있는 모델을 강구한다.

또한 영업 모델은 시대의 변화에 따라 초점을 이동하게 된다. 생산과 판매가 중심이었던 과거에는 영업 모델의 초점을 제품과 광고 등에 두었다. 그에 비해 가치 중심인 현재에는 고객관계에 초점을 맞춘다. 그에 따라 본사의 역할도 통제와 일원화가 아닌, 영업 사원의 활동을 지원하는 것으로 바뀌었다. 고객에게 우호적인 분위기를 조성하고, 영업 활동의 생산성과 효율성을 높이는 시스템을 마련하는 식이다.

이처럼 영업 모델은 고객과 시대에 따라 형식과 초점을 달리하게 되지만, 본질적인 방식, 즉 핵심은 크게 다르지 않다.

먼저 건강기능식품 방문판매사업을 살펴보자. 전통적으로 방문판매사업은 일종의 교육 성격을 띠고 있었다. 건강에 관심 있는 사람들을 모집하여 음식이나 생활과 관련한 건강 정보를 강의 형식으로 제공했다. 강의를 제공하고 구매를 유도하는 영업 모델이었다. 이를 '조회'라고 하는데, 이를 통해 고객의 구매 부담을 얼마나 줄일 수 있느냐가 성공의 관건이었다. 건강기능식품의 특성상 효과를 보려면 3개월 이상 꾸준히 복용해야 하고, 그 정도의 양을 판매하려면 고객이 지불해야 하는 가격이 높을 수밖에 없기 때문이다. 이와 같은 조회 모델은 ① 건강을 배우는 자리에 관심 있는 사람들을 모아 ② 친목의 성격을 부여하여 ③ 함께 체험하는 공간으로서의 의미를 고취하여 고객에게 가치를 제공하는 방식이라고 정리할 수 있다.

2000년대 초반 일본에서는 냉동 식재료를 가정에 판매하는 성공적인 영업 모델로 유명했던 '슈거레이디Sugarlady'라는 사업이 있었다. 이 사업의 가장 큰 특징은 냉동 식재료를 원래 상태에 가깝게 만드는 독특한 해동 기술이었다. 슈거레이디라 불리는 판매원이 인근에 사는 주부들에게 요리와 시식을 함께할 수 있다는 제안으로 사람들을 모으고, 직접 요리를 시연하며 사람들에게 각종 요리를 체험하게 함으로써 관심을 끌어 사람들이 주문하게 만드는 모델이었다. 그러면 슈거레이디가 주문을 취합해서 본사에 일괄 주문하고 식재료가 도착하면 사람들에게 일일이 배달해주었다. 이 모델 또한 ① 요리를 배우는 자리에 관심 있는 사람들을 모아 ② 친목의 성격을 부여하여 ③ 함께 체험하는 공간으로서의 의미를 고취하여 고객에게 가치를 제공하는 방식이라고 정리할 수 있다.

화장품 방문판매의 경우에도 이와 유사한 판매방식으로 '홈 미팅'이라는 모델이 있다. 표면적으로는 판매를 목적으로 하지 않고 마사지와 피부 케어 서비스를 제공하는 데 초점을 맞춘다. 이 모델 역시 ① 화장법을 배우는 자리에 관심 있는 사람들을 모아 ② 친목의 성격을 부여하여 ③ 함께 체험하는 공간으로서의 의미를 고취하여 고객에게 가치를 제공하는 방식이라고 정리할 수 있으며, 판매원의 입장에서는 서비스를 해줌으로써 지속적으로 고객을 유지하는 이점을 누릴 수 있다.

3가지 영업 모델이 업종은 다르지만 유사한 방식을 사용한다는 사실을 알 수 있다. 이처럼 업종이나 고객의 유형에 관계없이 '고객에게 체험을 제공하면서 지속적으로 고객과 만나는 방식'을 추구하는데, 이것이 바로 영업 모델의 핵심이다. 성장일로에 있는 렌털사업도 알고 보면 '고객과의 지속적인 만남'이 핵심이다. 계약을 하고 관리를 위해 주기적으로 고객을 방문함으로써 추가적인 판매가 일어나도록하는 것이다. 야쿠르트나 녹즙 배달도 같은 방식의 영업 모델이라고 할 수 있다.

고객과의 지속적인 만남을 통해 판매와 서비스 수준을 꾸준히 높여가야 한다. 핵심은 고객 가치를 실현하는 것이다. 관심을 기울이고, 교감하고, 관찰을 통해 고객이 미처 알지 못하는 부분까지 파악하여 기대 이상의 가치를 제공할 때 고객이 고객으로 남아 부가가치를 창출할 수 있다.

앞서 살펴본 바와 같이 영업 모델은 기업의 지속 성장에 매우 중요한 요소다. 그러나 간과하지 말아야 할 것이 있다. 변화하는 환경에 발 빠르게 대응하는 영업 모델이 아니라 새로운 시장 환경을 이끌어갈 영업 모델을 창조해야 한다는 것이다.

영업 모델의 혁신은
제품 혁신으로부터

　　영업 모델을 고려할 때에 빼놓을 수 없는 사항이 있다. 바로 '영업 모델과 제품 혁신 간의 시너지'다. 많은 회사들이 영업 사원에 대한 관리 체계와 개개인의 활동을 관찰하고 개선하는 것에 초점을 맞추고 있지만, 진정한 영업 모델의 완성은 영업 사원의 활동 개선에 맞추어 제품 구조를 혁신함으로써 가능하다. 이는 영업 판매와 고객 구매 간의 갭을 최소화시켜주는 것으로, 영업 활동의 개선과 더불어 제품의 형태, 특성, 포장, 가격 등의 혁신에 의해 이루어진다.

강자의 원칙

　　일본의 건강식품회사인 H컴퍼니는 2000년대 초반 들어서 판매 상황이 어려워지자 방문판매 영업 현장에 대한 분석을 진행했다. 그 결과 현장에서 높은 가격으로 한꺼번에 3~4개월 치의 제품을 고객에게 제안하는 활동이 성장의 주요 걸림돌이라는 사실을 발견했다. 전혀 모르고 있었던 것은 아니었다. 다만, 고객이 건강식품의 효과를 체험하기 위해서는 3~4개월은 꾸준히 복용해야 한다는 논리 때문에 내부에서 거론조차 안 되고 있었던 것이다. 하지만 분명한 것은 이것이 영업 사원에게는 판매 부담을, 고객에게는 구매 부담을 지운다는 사실이었다. H컴퍼니는 2년여에 걸쳐 고객의 구매 행동과 영업 사원의 판매 활동을 디테일하게 분석한 결과를 토대로 다음과 같은 새로운 모델을 개발했다. 고객과 경제적이고 지속적인 관계를 가지면서도 영업 사원이 제안하기 쉽고 고객이 구매하는 데 큰 고민을 하지 않아도 되는 판매 모델이었다. 이 모델의 3대 원칙은 다음과 같았다.

- 카운슬링counseling : R&D센터에서 오랜 기간에 걸쳐 개발된 고객 분석을 기반으로 하는, 고객에게 초점을 맞춘 상담 시스템을 표준화한다.
- 포장packing : 고객이 효능을 볼 수 있는 기간에 맞추어 제품을 구성하고 포장을 개발한다.
- 핸들링handling : 제품 구성과 포장에 따라 탄력적으로 가격을 제안한다.

또 고객의 라이프스타일을 세부적으로 분석하여 각 스타일에 맞는 건강식품을 조합하여 제안하게 했다. R&D 부서가 상담 내용을 영업 사원들이 쉽게 사용할 수 있게 한 것이다.

이러한 시스템을 통해 H컴퍼니는 건강식품 판매의 형태와 방법을 대대적으로 바꾸었고, 제품의 구성과 세일즈 포인트, 방판 사원의 권유 시스템 등을 종합적으로 혁신하게 되었다. 그 결과 H컴퍼니는 일본 건강기능식품 업계의 새로운 강자로 부상할 수 있었다.

판매력을 높이는 3가지 행동

기업 성장의 열쇠는 현장의 판매력을 얼마나 키울 수 있는가에 있다. 판매력을 키우려면 구체적인 행동이 따라야 한다. 경영자는 그 행동이 무엇인가를 끊임없이 고민해야 한다. 여기서 그에 관한 단서를 제시한다면 3가지를 들 수 있다.

군대에서 사용하는 무기 가운데 대포, 박격포, 개인화기가 있듯이 판매력을 높이기 위한 행동에도 3가지가 있다.

먼저 대포에 해당하는 행동으로 새로운 판매 모델의 개발과 적용을 들 수 있다. 이와 더불어 제품 혁신, 인증, 수상, 특허 등을 추진하고 세일즈 토크로 정리하는 등의 신뢰 체계 구축이 필요하다.

박격포에 해당하는 행동으로는 영업의 생산성 제고를 위한 현장 활동을 꼽을 수 있다. 이를 '트레이드 마케팅Trade Marketing'이라고 부르기도 한다. 매력적인 리플릿 제작, 상품과 지역 특성에 맞는 조합, 영업 프로세스 개선 외에도 채널 전략 개발, 프로모션 관리 프로세스 운용, 평가 지표 개발 등 전략적이고도 현실적으로 현장 영업을 밀착 지원하는 활동이 이에 해당한다.

개인화기에 해당하는 행동은 영업 사원의 활동 관리, 영업 사원이 갖추어야 할 역량인 5C Control, Communication, Coordination, Counseling, Consulting 의 고도화, 과학적 영업 관리 기법의 개발 등이다.

경영자와 영업 관리자가 이 3가지 행동 차원에서 전략적이고 체계적이며 과학적인 접근을 시도한다면 판매력은 분명 키워질 것이다.

'가치 경쟁' 전략을
준비하라

성장이 정체되어 있는 영업 조직들은 2가지 특징을 가지고 있다. 첫째가 매출액 제일주의이고, 둘째가 결과 중심주의다.

과거 고도 성장기의 열쇠는 '성장과 확대'에 있었다. 매출 규모와 시장점유율 확대가 가장 중요한 목표라는 생각을 가진 회사들이 대부분 성공하고 살아남았다. 성장 시장에서 규모와 점유율 확대야말로 높은 가동률 유지와 생산효율 향상을 가져와 궁극적으로 이익을 높일 수 있는 요인이었기 때문이다. 따라서 막강한 판매채널을 구축하고 소매점에 대한 출하와 운송률을 높이며 고객들이 주목하기 쉬운 판매대를 차지해 자사의 제품을 많이 진열하는 것이 영업 조직들의 최우선 과제였다. 거래 상대가 자사 제품을 대량으로 구매해서 판매 기회를 더 많이 만들 수만 있다면 판촉비는 얼마든지 써도 좋다는 주의였

영업의 미래

다. 매출액만 확실히 늘릴 수 있다면 수지가 맞고 영업 생산성도 높아진다는 식의 미신을 갖고 있었던 것이다.

그때는 신규 고객을 확보하거나 기존 고객의 매출액을 확대하는 것이 그리 어렵지 않았다. 그 결과 영업 생산성이 증가하고 효율성도 향상되었다. 또한 이익은 자동적으로 따라오는 것이라고 생각했기 때문에 크게 신경 쓰지 않았다. 이러한 전략을 추진하기 위해 영업 사원들은 거래 상대자를 대신해서 그들의 손발이 되어 일하고, 리베이트나 가격 인하 같은 인센티브를 구사해 인간관계를 쌓고 상대의 신뢰를 얻었다.

가장 중요한 것은 영업 사원의 교섭력과 관계 구축 스킬이었다. 그리고 그런 힘을 발휘하여 개별 고객의 사정에 맞추어 임기응변으로 대응할 수 있도록 영업 사원들에게 많은 자율권을 주었다. 그러다 보니 일단 거래처를 늘리고 매출을 늘리고 보자는 묻지마식 밀어내기 영업으로 대박을 터뜨리는 등의 무용담이 높이 평가되었고, 영업 조직의 관리자들이나 임원들조차 대형 거래처와의 관계 관리가 핵심 이슈일 수밖에 없었다.

하지만 시대가 변했다. 변해도 크게 변했다. 단순한 성장 전략은 더 이상 통하지 않게 되었고, 성숙한 시장에서 시장 확대를 꾀하기도 어렵게 되었다. 경쟁은 심화되고 가격은 하락했다. 게다가 모든 영업 조직들이 매출액과 점유율을 높이기 위해 치열한 경쟁을 펼치기 때문에 상황은 더욱 악화되었다. 고객 한 명당 소요되는 시간이 늘어났을

뿐 아니라 경쟁에서 이기기 위한 가격 인하나 행정 업무도 많아졌다. 그러나 생각만큼 매출액은 늘어나지 않고 영업 생산성은 오히려 떨어졌다.

영업 조직이 바꿔야 할 것들

지금은 과거의 성공 경험에서 오는 오류에서 벗어나지 않으면 계속해서 뒤쳐질 수밖에 없는 시대다. 계속해서 전월 대비, 전년 대비, 총매출액을 가지고 조직을 관리해나간다면 머지않은 장래에 결정적 순간을 맞이할지도 모른다. 새로운 영업 패러다임이 절실한 시점이다. 이는 과거의 영업 사원들이나 영업 조직들이 취해왔던 관점과는 근본적으로 다르다. 베스트셀러 작가이자 차란 어소시에이츠 대표인 램 차란은 이와 같은 새로운 시대의 새로운 영업 패러다임을 '가치 경쟁' 전략이라 명명하고 기존의 영업 방식과 차별화되는 면을 다음과 같이 지적했다.

첫째, 고객이 주문하는 제품이나 서비스를 단순히 제공하는 것이 아니라 고객사의 비즈니스를 이해하기 위해 엄청난 시간과 에너지를 쏟아야 한다.

둘째, 고객사의 비즈니스 현황에 대해 깊이 이해함은 물론 향후 개선 포인트를 발굴하기 위한 새로운 영업 방식을 배워야 한다.

셋째, 영업 사원들은 고객사의 비즈니스뿐만 아니라 고객사의 고객들에 대해서도 알아야 한다.

넷째, 가치 경쟁 전략을 도입하고 실행한 이후에 가시적인 성과를 얻기 위해서는 오랜 시간이 걸린다는 점을 명심해야 한다.

마지막으로, 새로운 영업 방식이 조직에 뿌리내리기 위해서는 최고경영자가 가치 경쟁 전략을 선도적으로 실천하는 직원들에게 특별한 보상을 해줘야 한다.

가치 경쟁을 위해서는 조직과 영업 사원들이 근본적으로 변해야 한다. 가치 경쟁을 위한 영업 전략을 수립하고, 전략이 요구하는 역할로 전환해야 한다.

가치 제안, 핵심에 집중하라

가치 제안의 개념은 1988년 컨설팅사인 맥킨지의 컨설턴트들에 의해 소개된 이후 업계에서 가장 빈번하게 쓰이는 용어가 되었다. 최근에는 학계에서도 이에 대한 연구가 활발하게 이루어지고 있다. 가치 제안은 '고객에게 가치를 제공할 수 있는 방안을 제안하는 것'으로 정의된다.

가치 제안이 영업에서 필수적인 것임에도 불구하고 이에 대한 심도 있는 이해는 매우 부족하다고 할 수 있다. 따라서 영업 사원을 대상으로 가치 제안이 무엇이며 이를 위해 무엇을 어떻게 해야 하는지에 대한 교육훈련이 절실히 요구되고 있다.

가치 제안에 진정한 고객의 니즈에 부합하는 가치가 기술되어야 한다는 점은 두말할 필요도 없이 중요하다. 이것이 없으면 가치 제안이라고 할 수 없다. 그 외에도 다음과 같은 조건이 충족 되어야 한다.

첫째, 다양한 가치들을 나열하는 것보다 경쟁사와 차별화할 수 있는 한두 가지의 핵심적인 가치를 간결하고 강하게 부각시키는 것이 중요하다. 가치 제안은 많다고 좋은 것은 아니다. 너무 많은 제안을 하게 되면 오히려 고객의 주의가 분산되어 제안의 초점이 흐려지는 역효과를 불러올 수 있다. 욕심을 내지 않고 고객에게 별로 중요하지 않은 차별점은 언급하지 않고 고객이 가장 중시하는 가치에 초점을 맞추는 것이 바람직하다. 이러한 전략은 자사의 자원을 효율적으로 활용하기 위해서도 매우 중요하다. 너무 많은 제안을 하게 되면 나중에 선택되었을 때 자사의 자원을 분산시킬 수밖에 없으며, 따라서 핵심적인 가치 창출에 소홀해질 수 있다.

둘째, 고객에게 부여하는 가치를 구체적인 숫자로 제시해야 한다. 즉 제시하고자 하는 가치는 측정이 가능해야 한다. 고객사의 입장에서는 추상적인 문구로 기술되어 있는 가치가 중요한 것이 아니라 공급업체의 제안이 자사에 얼마나 기여할 수 있는지가 중요하기 때문이다.

셋째, 가치 제공이 단발성에 그치지 않고 꾸준히 이루어져야 한다. 이는 일시적인 무리한 노력에 의한 가치 제공이 아니라 자사의 역량이 뒷받침될 수 있는 내용을 중심으로 이루어질 수 있어야 한다는 것을 의미한다. 그렇지 않으면 시간이 지나면서 고객사가 공급업체의 능력 부족을 감지하게 되어 관계가 단절될 수 있다.

큰 회사를 이기는 작은 회사의 비결

국내의 한 중소 공조기회사는 어느 용접봉회사의 공조기 설치 입찰에 참여했는데, 입찰 과정에서 국내 유수의 회사와 경쟁했음에도 불구하고 수주에 성공할 수 있었다. 그 비결은 고객사의 문제점을 파악하고, 이에 대한 해결책을 제공했기 때문이다. 이 회사는 실외기 설계도면에 대한 검토를 통해 실외기의 설치 위치가 부적절해 겨울철에 제상수서리 녹은 물가 실내로 유입되는 문제점을 발견했다. 따라서 이 문제를 해결할 수 있도록 도면을 수정했으며, 이를 기반으로 고객사에게 다양한 가치를 제공할 수 있었다. 즉 설계를 개선하면 제품 비용, 설치 공사비, 전기 공사비 등을 절감할 수 있다는 것을 객관적인 자료와 함께 제시함으로써 입찰에서 가장 높은 가격을 제시했음에도 불구하고 수주에 성공할 수 있었다. 또한 이러한 실적을 바탕으로 고객사의 다른 시설에 대한 공조기 설치 작업을 진행할 수 있는 기회도 추가로 획득할 수 있었다.

이와 같이 강한 회사는 항상 고객사를 위한 전략적 코치로 행동하려고 노력한다. 고객사의 비전을 공유하고, 끊임없이 새로운 길을 찾아 고객사가 더 큰 성공을 거두도록 돕고, 고객사를 위한 가치를 부가하는, 보다 혁신적이고 독특한 솔루션을 추구한다.

고객이 신뢰하는 전략적 문제 해결사가 되는 방법

고객은 자신의 내부와 외부 고객의 비즈니스 목표와 니즈를 충족시키는 것을 돕는 전문가를 높이 평가한다. 이런 방법으로 고객을 위한 가치를 창출하는 영업 사원들은 협력자, 즉 신뢰할 만한 조언자이자 가치 있는 자원이 된다. 그렇다면 고객을 위한 전략적 문제 해결사가 되는 방법은 무엇일까?

이면의 니즈를 찾아라

고객의 '정해진' 니즈에만 집중해선 안 된다. 효과적인 탐색 질문을 통해 니즈 이면의 니즈를 판단할 수 있어야 한다. 정해진 니즈는 고객이 느끼는 문제점, 어려움, 불만족 등이며 "현재의 시스템으로는 많은 양을 처리할 수 없습니다", "현재의 속도에 만족할 수 없습니다"와 같이 표현된다. 이면의 니즈는 내재된 욕구나 욕망을 말하는 것으로 "좀 더 빠른 시스템이 필요합니다", "백업 능력을 확보하고 싶습니다", "우리가 찾는 것은 좀 더 믿을 수 있는 기계입니다"와 같은 표현으로 드러난다. 이와 같은 이면의 니즈를 파악하여 고객이 성취하고자 하는 바를 정확히 알아야 한다.

창조적 솔루션을 개발하라

고객의 전략적 니즈를 가장 효율적이고 효과적인 방법으로 다룰 수 있어야 한다. 예를 들어 제품을 맞춤형 버전으로 만들어 제시하거나 제품과 서비스를 조합하는 것이다.

상호 이익이 되게 하라

먼저 고객과 협력해서 눈앞의 이슈를 서로 이해하는 것이 중요하다. 이를 바탕으로 자기 회사와 고객 회사 모두에 이익이 되는 합리적인 해결책을 찾아나간다.

양방향 대화를 유지하라

가장 생산성이 높은 비즈니스 파트너십이란 정보와 아이디어가 자유롭고 개방적으로 오가는 경우다. 대화를 주도하려 하거나 고객을 추궁하는 식이 되어서는 안 된다. 대화를 유지하는 좋은 방법은 새로운 아이디어를 제시하거나 솔루션을 추천할 때마다 고객에게 피드백을 구하는 질문을 던지는 것이다. 탁월한 영업 사원들은 이런 양방향 대화를 바탕으로 고객의 니즈를 파악하는 스킬이 뛰어나다. 고객이 원하는 카드를 내놓지 못하는 영업 사원은 결코 성공할 수 없다.

계속해서 도와라

고객과 파트너가 되려면 당신이 고객의 편에 서 있다는 것을 보여주어야 한다. 고객의 회사 동료와 상사의 눈에 고객이 훌륭해 보이도록 만들고, 당장 계약이 이루어질 전망이 없을 때에도 지원과 정보를 제공해야 한다.

다리를 놓아라

고객과 장기적 관계를 만드는 핵심 단계는 고객이 성공하도록 돕는 일에 관심을 갖는 것이다. 고객과 만날 때마다 고객의 성공에 관심이 있음을 보여준다. 고객의 관심사를 파악하고 공감하며, 고객의 니즈를 이해하고 있음을 보여주고, 고객이 더 나은 상황을 맞이할 수 있게 만드는 일이 무엇인지 묻는다. 공감 기술이 뛰어난 영업 사원은 폭넓고 다양한 고객과 잘 지낼 수 있으며 래포rapport. 신뢰와 친근감을 느끼는 인간 관계도 빨리 형성할 수 있다.

고객에게 정보를 알려라

고객의 확신을 발전시킬 수 있는 가장 좋은 방법 가운데 하나는 관련된 주요 결정에 고객을 참여시키고 영업 활동의 각 단계마다 고객에게 정보를 알려주는 것이다. 물론 사소한 정보까지 일일이 알려주어서 고객을 질리게 만들 필요는 없지만, 고객이 전화를 걸어 진행 상황을 물어봐야 할 정도까지 가면 너무 늦다. 제때 고객에게 연락을 취해 상황을 확인하고 필요한 도움을 줄 수 있어야 한다.

핵심 고객을
전략적으로 관리하라

핵심 고객이 기업 매출에서 차지하는 비중이 점점 더 커지고 있다. 이에 따라 기업들도 핵심 고객을 전략적으로 관리하는 데 초점을 맞추고 있다.

원래 핵심 고객 관리Key Account Management의 필요성은 구매 과정이 복잡하고 기업 매출이 전체에서 큰 비중을 차지하는 상업시장을 중심으로 제기되어왔다. 그러나 최근에는 대형 유통업체의 구매 파워가 커지고 매출 비중이 커지면서 소비시장에서도 큰 관심을 보이고 있다. 또한 핵심 고객 관리의 개념을 확대하여 주요 거래처들과의 강력한 파트너십을 구축함으로써 사업을 성장시키기 위한 전사적 차원의 전략을 전개하기도 한다. 이를 '전략적 거래처 관리Strategic Account Management'라고 한다. 이러한 핵심 고객 관리KAM와 전략적 거래처 관리_{SAM}의 확산은 파트너십을 기반으로 한 솔루션 영업을 뛰어넘어 사업에 대한 새로운 통찰을 공유하고 전략적 조언자로서의 역할을 중시하는 '인사이트 세일_{Insight Sales}'과도 맥락을 같이한다.

하지만 핵심 고객 관리는 결코 쉬운 일이 아니다. 여기 한 사례를 보자.

반도체장비회사인 W사의 최대 고객은 글로벌 전자업체 중 하나인 K사로, W사 매출의 30%를 차지하고 있었다. 그런데 매출 비중이 점점 줄어들게 되었고, 그 즈음 열린 회의에서 한 사람이 K사를 핵심 고객에서 제외시키는 것이 어떻겠느냐는 의견을 내놓았다. K사가 핵심 고객이라는 위치를 이용하여 매우 큰 할인 혜택과 이권을 챙기는 통에 더 이상의 이익 창출이 불가능해졌기 때문이다. 하지만 W사 대표는 고개를 저으며 K사의 중요성과 두 회사의 관계에 대해 설파하기 시작했다.

이 사례는 핵심 고객을 어떻게 규정해야 하는가를 다시 생각해보게 한다. K사는 핵심 고객으로 적합한가? 이익을 가져다주지 않는 상태라면 핵심 고객에서 제외하고 거래하지 않는 것이 맞다. 그러나 다른 한편으로는 여전히 거래할 필요도 있다. 큰 규모의 고객은 시장과 경쟁업체의 정보를 얻을 수 있는 중요한 원천일 뿐만 아니라 영업 활동을 하는 데도 귀중한 참고가 되기 때문이다. 결국 W사는 관계를 유지하면서 거래 비용이 많이 들어간다는 사실을 K사에 알렸고 개선을 통해 이익을 실현하게 되었다.

이윤도 적고 심지어 손실이 발생하기도 하지만 대형 고객과 거래할 필요가 있다는 사실을 정당화할 수 있는 이유는 또 있다. 업계에서는 규모가 큰 회사와 거래한다는 사실이 아주 중요하게 작용할 때가 있다. 대외 신뢰도와 이미지 제고에 상당한 영향을 미치기 때문이다. 따라서 핵심 고객을 선정하여 특별히 관리하고 자사의 미래를 함께 계획해나갈 필요가 있다.

성공적인 경영 전략의 첫걸음은 핵심 고객을 파악하는 것이다. 그러나 '고객 중에 누가 가장 중요한 고객인가?'가 항상 명확히 드러나는 것은 아니다. 전략적인 관점에서 볼 때 '고객'은 보통 네 부류로 나눌 수 있다.

첫째는 자신이 필요한 제품이나 서비스를 구매하는 개인 또는 기업.

둘째는 기업의 판매루트상에 있는 총판 딜러, 도매업자, 소매업자, 기업의 구매부서 등.

셋째는 고객관계에 있는 기업의 내부 부서. 예컨대 R&D부서의 고객은 생산, 회계나 HR부서의 고객은 기업 전체 각 부서.

넷째는 직접적인 매출을 일으키지 않지만 전략적으로 중요한 대상. 예컨대 어떤 제약회사가 환자나 의사가 아닌, 세계적인 연구소나 주요 대학의 연구원들을 주요 고객으로 정의하는 것. 즉, 자사와 관련 있는 연구원들의 연구 결과를 상업화하여 각종 컨퍼런스에서 발표하는 것을 전략적 사업 모델로 삼는 것.

로버트 시몬스Robert Simons 하버드 비즈니스스쿨 교수는 2014년 3월에 발표한 논문인 '좋은 고객 선택하기Choosing the Right Customer'에서 앞으로 "경영자들은 기업의 성과를 내기 위하여 진정으로 중요한 고객이 성과를 이끄는 체계를 만들어가야 한다"고 주장했다. 그 체계는 4가지 절차를 거쳐 진행되는데, 첫째는 사업의 미래를 위해 가장 중요한 고객이 누구인지를 발견하는 것이고, 둘째는 중요한 고객의 가치를 이해하는 것, 셋째는 고객 가치에 의거하여 기업의 자원을 최적으로 배분하는 것, 넷째는 고객과 상호 연계할 수 있는 프로세스를 만드는 것이라고 했다.

핵심 고객의 선정 이유

형식적으로 핵심 고객 관리를 하는 회사들이 적지 않다. 그러다 보니 핵심 고객을 회사 전략에 맞추는 방법에 대해서는 거의 생각하지 않는다. 이와 관련하여 적용해볼 수 있는 가장 기본적인 방법이 있다. 바로 '파레토의 법칙'이다. 이 법칙은 이탈리아의 경제학자이자 사회학자인 파레토가 제시한 개념으로 '80 : 20 법칙'으로 잘 알려져 있다. '모든 원인의 20%에 해당하는 것이 80%에 해당되는 결과를 만든다'는 것으로, 20%의 제품군이 전체 매출의 80%를 차지하는 경우가 이에 해당한다. 이 법칙을 적용하면 20%의 핵심 고객이 회사 매출의 80%를 일으킨다고 할 수 있다. 또한 영업이나 관계 유지를 위해 기울이는 노력의 20%가 전체 성과의 80%를 보장한다고 볼 수도 있다. 실제로도 그렇다. 따라서 영업 관리자는 사원들과 함께 핵심 고객 관리와 노력 투자에 신중을 기해야 한다.

핵심 고객 선정 시 주의 사항

핵심 고객을 선정할 때에는 자사의 첫 고객이라거나 친분이 있다거나와 같은 감정에 휘둘리지 않도록 주의해야 한다. 핵심 고객을 선정하는 데서 감정적인 측면이 작용하면 선정되지 못한 다른 고객들이 그 사실을 알게 되어 좋지 않은 선례를 남길 수 있고, 핵심 고객으로 선정된 고객 또한 거래 시에 특별 대우를 받으려고 하는 경향을 띨 수 있다.

그러면 나중에 더 힘들어질 수 있다. 따라서 대상 선정 시 매출 규모, 이익, 전략적 중요성, 미래에 대한 잠재성, 추진 사업과의 적합성 여부 등을 기준으로 세심하게 판단할 필요가 있다.

핵심 고객 관리 방법

성공적인 고객 관리를 위해서는 무엇보다 계획 수립이 중요하다. 왜냐하면 계획에 따라 영업팀을 구성하는 방식이 결정되기도 하기 때문이다. 계획 수립과 더불어 핵심 고객이 누구인지, 회사가 어떤 고객을 핵심 고객으로 성장시키려고 하는지에 대해서 모든 구성원들이 공유하고 있어야 한다.

핵심 고객에 대한 상세한 정보 파악은 필수다. 핵심 고객의 이력은 물론 그들이 목표 달성을 위해 기울이는 노력 등에 대한 요약본을 만들어 관리하는 것이 효과적이다. 이렇게 하면 누구든지 핵심 고객 관리와 관련된 내용을 공유하여 활용할 수 있다.

핵심 고객의 의사결정에 영향을 미치는 인물들에 대해서도 최대한 알아둘 필요가 있다. 이는 핵심 고객에 대한 접촉 전략을 다양하게 펼칠 수 있는 기회를 만들어준다. 접촉 전략은 누구를, 얼마나 자주 만날 것인가에 관한 것이다.

이름을 남보다 먼저, 자주 알리는 일도 중요하다. 뉴스레터와 같은 형식을 통해 당신의 이름을 핵심 고객에게 다른 경쟁사보다 빨리, 주기적으로 알리는 커뮤니케이션 활동이 필요하다.

평가는 필수적이다. 영향력이 있는 고객은 언제든 공급업체와의 관계를 끊을 가능성이 있다. 따라서 핵심 고객에 대한 투자와 수익을 확인하고 문제점이 있다면 한발 앞서 원만한 해결을 위한 조치를 취해야 한다. 또한 핵심 고객과 함께 계획을 검토하는 회의를 정기적으로 가질 필요가 있다. 가능하면 핵심 고객의 필요에 맞추어 유연하고도 공식적인 협의안을 마련해서 의견을 교환하고, 그로부터 나온 결과를 평가한다. 평가할 사항은 구체적인 활동무엇을, 언제, 누가 실행했는가?, 과정에 대한 피드백, 공급업체에 대한 인식, 접촉 전략에 대한 고객의 의견 등이다.

이와 함께 고객과의 관계가 얼마나 튼튼한지, 관계가 어긋날 가능성은 어느 정도인지에 대해 수시로 파악할 수 있는 객관적이고 확고한 지침을 세우는 것이 바람직하다. 영업 사원이 고객의 필요에 제대로 대응하지 못하고 있거나 고객의 불평 사항에 대한 처리가 별 효과를 발휘하지 못하고 있다면 이를 즉시 바로잡아 다시 관계를 회복할 수 있게 해야 한다.

함께 성장할 수 있는 기회를 만들어라

영업 사원의 전략은 자사와 고객이 달성하려고 하는 것 사이에서 협력을 유지하는 데에 초점을 맞추어야 한다. 다시 말하면 고객의 전략과 사업상의 문제를 이해해야 한다는 것이다. 이를 위해서는 특별한 노력이 요구된다.

무엇보다 핵심 고객과의 관계를 활용하여 혁신을 꾀할 수 있어야 한다. 고객과 함께 자사의 제품이나 서비스를 쇄신시킬 수 있는 방법과 시장에 내놓는 방법, 판매 방법, 조직 방법, 절차 등을 검토해볼 수 있는 자리를 정기적으로 갖는 것도 좋다.

핵심 고객을 관리하는 궁극적인 목적은 고객과 회사가 함께 장기적으로 발전하는 것이다. 서로의 비용을 절감하고 효율적으로 운영하며, 판매량과 판매 수익을 높일 기회를 늘리기 위한 것이다.

최근에 한 대형 업체의 구매 관리자를 만났다. 그는 자사의 많은 공급업체들이 손해를 보지 않는 데만 너무 몰두해서 더 이상 위험을 무릅쓰는 도전을 하려 들지 않는다는 말을 했다. 그 결과 참신한 아이디어를 거의 내지 못하고 있으며, 혁신에 대한 박차도 가하지 못하고 있는 실정이라고 했다.

이처럼 핵심 고객 관리 과정에서 참신한 아이디어를 내지 못하고 고객과의 관계나 자기 발전이 침체되고 부진하게 되는 일이 없게 해야 한다. 핵심 고객으로부터 얻은 정보와 지식, 경험과 아이디어를 활용하여 새로운 제품과 서비스, 새로운 시장 등 고객과 함께 성장할 수 있는 새로운 기회를 만들어야 한다.

핵심 고객 관리에서 주의할 점

핵심 고객에게 맞춤형 해결책을 제공하는 과정에서 주의할 부분이 있다. 먼저 투자 대비 성과 부분이다. 맞춤형 해결책은 고객에게 만족을 주지만 그것을 제공하는 회사에는 적지 않은 비용을 발생시킨다. 따라서 수익을 내지 못하는 맞춤형 해결책에 대해서는 충분한 검토를 통해 어느 정도 수준으로 하는 것이 좋을지 한계를 정할 필요가 있다.

핵심 고객의 영향력이 조직에 미치는 파장에도 세심한 주의를 기울여야 한다. 자칫 잘못하면 그 때문에 조직이 흔들릴 수도 있기 때문이다. 실제로 핵심 고객의 작은 우려에 조직이 예민하게 반응하여 분란을 일으키고 불필요하게 무언가를 바꾸는 일이 비일비재하다. 지나친 반응은 금물이다. 차분하면서도 냉정한 대응이 요구된다.

또한 침묵하는 고객에게 신경을 써야 한다. 흔히 목소리가 큰 고객에게 영업 활동이 치우치는 모습을 보이는데, 그래선 안 된다. 그가 제품이나 서비스의 질, 고객서비스, 정보 제공, 가격 등에 대해 목청을 높이거나 시시콜콜 잔소리를 하는 것은 사실 다른 대안이 없거나 공급처를 바꾸는 비용과 위험성이 크기 때문인 경우가 많다. 대안이 있다면 그냥 조용히 바꿀 것이다. 그러므로 적정한 수준으로 대응하고, 말하지 않는 다른 고객의 필요에 주의를 기울여야 한다. 그렇지 않으면 어느 순간 고객관계가 단절될 수 있다.

2장

강력한
프로세스를
구축하라

: 시스템적 영업(Systematic Selling)

강한 영업 조직은
프로세스가 다르다

프로세스란 '어떤 일을 하기 위해 거쳐야 하는 일련의 행동이나 반복적으로 행해지는 정해진 행동 양식'으로 정의할 수 있다. 일정한 절차에 따라 일하면 그 결과를 쉽게 예측할 수 있다.

세계적인 물리학자 프란초프 카프라는 사물을 구조보다는 프로세스로 볼 것을 주장했다. 예를 들어 나무는 물체가 아니라 태양과 대지를 연결하는 하나의 광합성 프로세스로 인식되었을 때 보다 효과적으로 이해할 수 있다는 것이다.

회사를 포함한 조직도 마찬가지다. 외부와의 상호작용과 내부의 작업 흐름, 즉 프로세스로 조망할 필요가 있다. 결국 회사란 비즈니스 프로세스의 집합이다. 회사 전체의 성과도 개별 프로세스의 결과의 집합으로 볼 수 있다.

성과를 향상시키는 프로세스란

영업 조직의 프로세스는 크게 영업 프로세스, 영업 지원 프로세스, 영업 교육 프로세스, 영업 성과 관리 프로세스 등으로 구분할 수 있다. 이와 관련하여 세계적인 전략 컨설팅기업인 베인앤컴퍼니는 영업 성과 향상을 위한 컨설팅 노하우를 다음과 같이 제시했다.

첫째, 영업 프로세스의 최적화다.

영업 프로세스는 우량 고객을 어떻게 파악, 확보, 유지하는지에 관한 요소를 알려주어야 함은 물론, 이것이 프로세스의 각 단계에서 구체적인 활동으로 나타날 수 있게 해야 한다. 이를 위해서는 사실에 근거한 사례와 데이터 분석을 출발점으로 삼아야 한다. 또한 고객들 간의 상이한 니즈를 충분히 반영하고 그에 대응할 수 있게 차별화된, 그러면서도 유연한 접근법을 담아야 한다. 즉 영업 프로세스를 단순히 정리해서 표준화화는 것에 그치지 않고 영업 목적을 달성하기 위한 최적의 방안이 프로세스 안에 녹아들어가도록 설계해야 한다. 프로세스에 과학적 요소들을 꾸준히 업그레이드하는 것도 중요하다.

둘째, 영업 지원 프로세스의 근본적인 재구축이다.

영업 프로세스를 재설계하고 운영하는 것만으로는 성과를 달성할 수 없다. 영업 조직의 활동 자체를 개혁해야 하며, 이를 지원하고 이끌어가는 전사적 인프라와 지식이 동시에 업그레이드되어야 한다.

이를 위해서는 먼저 영업 도구를 제공해야 한다. 영업 프로세스와 함께 영업 사원이 가망 고객과 만날 때 어떤 이야기를 나누고 어떻게 행동해야 하는지를 구체적으로 기술한 매뉴얼 등이 반드시 필요하다. 매뉴얼을 정기적으로 업데이트하는 등의 지원 역시 이루어져야 한다. 교육훈련 프로그램도 지속적으로 설계하고 운영해야 한다. 영업 사원들이 이의 제기 등 각종 피드백을 통해 끊임없이 개선에 힘쓰도록 하는 데에도 신경을 써야 한다.

영업 도구와 훈련 시스템이 갖추어졌다면 관리를 체계화해야 한다. 결과 위주의 성과 관리 시스템을 탈피할 새로운 활동관리 시스템을 정착시키고 이에 맞는 모니터링과 코칭을 시행해야 한다.

마지막으로, 성과 관리 프로세스가 재정립되어야 한다. 새로운 차원의 영업 활동을 관리하려면 그에 맞는 성과 관리 지표와 프로세스가 필요하다. 평가와 인센티브 시스템 역시 이에 걸맞게 개편되어야 한다. 이 모든 작업이 영업 조직 내에서 실행되어야 하는 과제들이다.

가장 중요한 것은 영업 프로세스가 고객 위주여야 한다는 점이다. 만약 영업 프로세스가 판매 위주로 되어 있다면, 이는 회사가 원하는 대로 제품을 팔겠다는 것과 같다. 고객의 성향과 고객의 구매 프로세스를 무시하고 회사가 원하는 대로 제품과 서비스를 팔 수는 없다.

프로세스의 힘

우리는 영업 관련 컨설팅과 코칭을 진행하는 과정에서 대부분의 영업 사원들과 회사들이 영업 프로세스에 대한 기본적인 개념조차 확립되어 있지 않다는 사실을 발견했다. 프로세스를 가지고 있다 하더라도 각 단계별로 관리되어야 할 사항들이 전략적으로 정리되어 있지 않았다. 갈수록 영업 환경이 복잡해져가는 상황에서 이는 매우 충격적이었다. 그런데 프로세스를 구축하면 획기적으로 실적이 개선되는 효과가 나타났다. 평균 15%가량 생산성이 증대되었다. 조직 전체에서 사용하는 공통의 언어와 영업 절차가 확립되어 나타난 결과라고 할 수 있다.

성공한 회사들은 대부분 그 요인을 훌륭한 제품에서 찾는 경향이 있다. 틀린 분석은 아니다. 그러나 훌륭한 제품은 일하는 문화와 프로세스에서 나온다. 선도 회사일수록 일하는 프로세스에서 수준 차이가 난다. 끊임없이 프로세스 혁신에 투자해온 결과다. 고객 접점 관리 프로세스, 서비스 프로세스, 심지어 인재 채용 프로세스까지, 지속적으로 성장하는 회사들은 뭔가 다르다. 일하는 프로세스가 잘 구축된 회사는 부서 간 중복되는 일도 적고 협조도 잘된다. 또한 조직이 안정되어 있어 전문성이 드러난다. 고객을 만나는 영업 사원들의 태도에서부터 중요한 결정을 하는 의사결정권자에 이르기까지, 체계적이고 프로다운 면모를 볼 수 있다. 프로세스는 곧 회사의 수준을 판가름하는 기준이다.

프로세스는 우리의 일상생활과도 밀접히 관련되어 있다. 우리가 매일 타는 차나 입는 옷, 심지어 먹는 음식까지도 일정한 수준의 품질과 생산량을 달성하기 위한 프로세스에 따라 만들어진다. 영업도 마찬가지다. 목표만큼 성과를 올리기 위해서는 일정한 프로세스에 따라 진행되어야 한다. 잘 만들어진 영업 프로세스는 기회를 포착하고 분석하는 각 단계를 원활하게 연결시켜주고 높은 성과를 얻을 수 있도록 해준다. 다음 단계에서 무슨 일을 해야 하는지를 미리 준비하여 영업의 성공률을 높일 수 있다.

오늘날의 영업 활동은 어느 한 사람의 영업 사원에 의해 주도되는 경우는 거의 없으며 대부분 조직 단위로 움직인다. 따라서 지속적으로 반복되는 영업뿐 아니라 단발성으로 끝나는 영업도 영업 사원이 언제 무엇을 해야 하는지를 미리 알면 그만큼 성공 확률을 높일 수 있다.

세계적인 영업 컨설팅회사인 세일즈 퍼포먼스 인터내셔널Sales Performance International의 대표이자 컨설턴트인 키스 이즈Keith M. Eades는 체계적인 영업 프로세스를 따랐을 때의 효과를 다음과 같이 제시한다.

- 개인은 물론 조직 차원에서 문제를 찾아내어 원인을 규명할 수 있다.
- 영업의 성공 가능성을 매우 정확하게 예측할 수 있다.
- 분기 또는 연간 예상 매출액을 정확하게 예측할 수 있다.
- 영업 사원들 사이에 공동의 언어가 만들어진다.
- 고객의 기대치를 조절하고 고객만족도를 높일 수 있다.
- 업무를 여유롭게 수행하게 되고 조직의 분위기가 좋아진다.

최고의 영업 프로세스 구축 방법

영업 조직들은 저마다 나름의 영업 프로세스를 가지고 있다. 그러나 대부분 기억하지 못하거나 아예 무시하는 경우가 많다. 그 이유는 프로세스가 형식적이거나 아니면 자사 영업 환경과 맞지 않아 성과에 별 도움이 되지 않는 경우가 대부분이다. 이는 자사 영업 현장에 대한 정밀한 진단 없이 타사 또는 좋다고 알려진 프로세스를 적용했기 때문인 경우가 대부분이다.

그렇다면 최고의 프로세스란 어떤 것이고, 그것은 어떻게 구축되는 것일까? 단적으로 말하면, 최고의 프로세스는 존재하지 않는다. 그보다는 회사의 현실에 최적화된 프로세스를 찾아야 한다. 그러기 위해서는 고객을 이해하고 고객의 움직임에 따라 프로세스가 자연스럽게 흘러가도록 리듬을 맞추어야 한다. 프로세스 전반에 걸쳐 고객에게 새로운 가치를 제공할 수 있도록 도움을 줄 수 있어야 한다.

영업 프로세스를 구축하기 위해서는 우선 고객만족도 조사와 같은 설문이나 인터뷰를 통해 자사의 고객들이 원하는 영업 프로세스와 현재 영업 사원들이 하고 있는 프로세스, 그리고 경쟁사의 영업 프로세스의 차이를 분석해야 한다. 이를 통해 보완할 방법론을 결정해야 한다. 자사가 갖추어야 할 최적의 프로세스가 결정되면 앞서 언급한 바대로 이를 메뉴얼화하고 현장 영업 사원들에 대한 교육과 지속적인 코칭을 통해 프로세스가 정착되도록 해야 한다.

오늘날과 같은 가치 경쟁의 시대에는 고객의 사업에 대해 정확히 이해하고, 어떻게 하면 고객의 사업이 성장할지, 어떤 가치를 제안할지를 고민해야 한다. 따라서 무엇보다 고객을 위한 가치를 창출할 수 있는 프로세스를 구축하는 것이 관건이다.

제대로 된 프로세스를 구축하라. 그 순간 영업 혁신이 시작될 것이다.

전략에 맞는 조직 구성을 위해 알아야 할 것들

조직이 어떠한 구조로 되어 있는가는 매우 중요한 의미를 갖는다. 영업 활동을 수행하는 영업 조직이 영업 전략에 적합한 형태로 만들어지지 않으면 전략의 실현이 어려워지고 목표 달성 또한 어렵게 된다. 영업 조직이 영업 전략과 구체적 실행을 연결시켜주는 가교 역할을 하기 때문이다.

조직을 만드는 이유는 업무 수행력을 높여 목표를 달성하기 위한 것이다. 따라서 사람이 아닌 업무 중심으로 조직을 구성하는 것이 당연하다. 목표는 사람 자체가 아니라 그 사람이 수행하는 업무를 통해서 달성되기 때문이다. 마찬가지로 영업 조직도 영업의 목표와 이를 달성하기 위한 영업 전략에 부응할 수 있는 구조를 갖추어야 한다. 영업 전략과 조직이 조화를 이루지 못하면 자연히 조직이 추구하는 목

| 목표 수립 | ➡ | 전략 수립 | ➡ | 조직 구성 | ➡ | 전략 실행 |

표에 도달할 수 없게 된다.

현실의 조직은 어떤가. 영업 사원들이 느끼는 어려움 가운데 하나는 다른 부서 동료들과 신뢰를 구축하는 것이다. 자주 갈등을 빚고 마찰을 빚는다. 영업 사원들이 업무적인 도움을 요청했을 때 재무, 관리, 지원 등 상대적으로 우선순위가 높은 부서에서 신속하게 움직여 주지 않는다. 재무부서와 영업부서 사이에 마찰이 자주 일어나는 경우로 가격 정책을 들 수 있다. 영업부서에서는 고객사에 유리한 가격 조건을 제시하지만, 재무부서에서는 매우 신중하고 보수적으로 접근하기 때문에 의사결정이 상대적으로 느린 편이다.

경쟁에서 이기기 위해서는 부서들이 독립된 것이 아니라 하나의 팀을 이루어야 한다. 경영진은 각 부서의 실무자들이 얼마나 친숙하고 긴밀하게 협력하는지 유심히 지켜봐야 한다. 때로는 영업 사원들을 대상으로 설문조사나 인터뷰를 통해 어느 부서와 협력이 잘 이루어지는지, 어느 부서와 그렇지 못한지를 파악해야 한다. 고객에게 새로운 가치를 창출하고 제공하는 과정 가운데 어떤 곳에서 병목 현상이 발생하는지 살펴보아야 한다.

고객이 원하는 조직의 형태

영업 조직에서 가장 중요한 것은 판매하려는 제품이나 목표 시장에서 변화가 발생했을 때 조직 구조의 큰 변화 없이 얼마나 신속하게 대처할 수 있는가이다. 그에 대한 해답은 역시 고객에게 있다. 그렇다면 고객이 원하는 속도감과 전문성을 갖춘 조직은 어떤 모습일까? 표면적으로 드러난 고객의 니즈needs뿐 아니라 잠재적인 욕구wants에도 대응할 수 있는 조직은 어떤 구조를 갖추고 있을까?

고객 중심의 영업 조직은 사원이 특정 고객이나 시장을 전담하여 회사의 모든 제품을 판매할 수 있는 구조를 갖추어 다양하고 복잡한 구매 프로세스와 니즈에 대응한다. 고객들은 제각기 다른 특성을 지니고 있다. 어떤 고객은 가격에 민감한 반면, 어떤 고객은 자신의 니즈에 맞는 제품이라면 가격에 비교적 관대한 편이다. 또 어떤 고객은 회사에 많은 이익을 가져다주지만, 이익과 무관한 고객도 있다. 이럴 경우 고객들 간의 차이를 설명하는 변수를 선택하여 이를 기준으로 고객을 세분화하고 각기 다른 영업 사원에게 분배하여 활동하게 하면 고객에 대해 보다 적절하게 대응할 수 있다. 따라서 특정 고객에 특화된 영업 사원을 배치하고, 그로 하여금 고객에게 적합한 지식과 영업 기술을 축적해나가도록 할 필요가 있다.

이미 발 빠른 회사들은 고객 지향적 전략을 강화하면서 영업 조직을 지역 중심과 제품 중심에서 고객 중심의 구조로 전환시키고 있다. 즉 내부 지향적인 조직 구조를 외부 지향적인 구조로 재편하고 있다.

은행이 영업 부문을 개인영업본부, 회사본부, 대회사본부, PB private banking 본부 등으로 구분하여 운영하는 것이나, 제약회사가 종합병원, 중소병원, 의원, 약국 등으로 나누어 영업 조직을 운영하는 것 등이 대표적이다.

이러한 경향의 근본적인 원인은 고객이 단순히 제품이나 서비스를 공급받는 데서 벗어나 자신이 안고 있는 문제를 공급사가 적극적으로 해결해주기를 바라고, 공급사 또한 이러한 요구에 부응하기 위해 고객 밀착적인 조직 구조를 채택할 필요가 커졌기 때문이다.

비즈니스 라이프사이클에 맞게 영업 조직을 변화시켜라

켈로그 Kellogg 비즈니스스쿨의 졸트너 Andris A. Zoltners 교수와 2명의 연구자가 25년간 68개국 2500개 사업체를 연구한 결과를 발표했다. 내용의 요지는 제품이나 사업의 수명주기 life cycle 에 맞추어 영업 조직을 변화시킨 곳의 성과가 더 좋았다는 것이다. 그들은 "영업 조직을 비즈니스 라이프사이클에 따라 변화시켜야 한다."고 주장하며 반드시 고려해야 할 4가지 사항을 제시했다. 바로 영업 조직과 거래처의 역할, 조직의 규모, 조직의 전문성 수준, 자원의 배분이다. 이를 표로 정리하면 다음과 같다.

	시작기	성장기	성숙기	쇠퇴기
영업 조직과 영업 파트너의 역할	★★★★	★★	★	★★★
영업 조직의 규모	★★★	★★★★	★★	★★★★
전문화의 수준	★	★★★★	★★★	★★
영업 자원 배분	★★	★	★★★★	★
대고객 관리 전략	고객 지각을 만들어내는 것 신속한 시장 흡수	기존 및 신규 세분시장에 깊이 침투	고객 유지 및 효율적인 서비스에 집중	효율성에 더욱 집중, 핵심고객 보호, 비수익시장에서 철수

거래처에 대한 성장 단계별 대응

'시책 관리'라는 말이 있다. 일례로 대리점 사업에서 시책이라는 것은 일종의 정책 가이드에 맞춰 전체 대리점을 한꺼번에 관리하는 방식 같은 것이다. 문제는 관리 방식이 획일적이어서 각각의 대리점 상황에 맞지 않는 경우가 많다는 것이다.

대리점 영업 구조에서는 대리점 하나하나의 성장이 기업의 성장에 직결된다. 어느 한 곳도 소홀히 할 수 없다. 그러므로 대리점이 처한 상황과 발전 단계를 감안하고 그에 맞게 성장시키기 위한 실질적인 계획과 행동이 중요하다. 획일적인 시책으로는 더 이상 안 된다.

대리점을 성장 단계별로 구분하여 성공적인 관리 모습을 보여주고 있는 기업이 있다. A사는 소비재를 제조, 판매하는 중견기업으로 영업력이 뛰어난 기업으로도 잘 알려져 있다. 그동안 영업 사원의 실질적인 성과를 향상시키는 프로젝트에 집중하고, 성장 단계에 따라 전략적으로 대리점을 관리하도록 유도했다. 구분은 3단계의 대분류와 9단계의 소분류를 기준으로 했는데, 대분류를 중심으로 한 관리 방안의 개요를 살펴보면 다음과 같다.

1단계 대리점

소규모 대리점이다. 창업한 지 얼마 안 되었거나 오랜 기간 부진을 면치 못해 소규모 상태로 머물러 있는 경우다. 이에 대해서는 대리점 운영상의 보틀넥Bottleneck이 무엇인지를 파악하여 2가지 대응 방향을 정했다. 기존의 대리점이 오랫동안 성장하지 못하고 있다면 이를 구조의 문제로 보고 다른 대리점과의 경쟁이 문제인지, 기본적인 운영 능력의 문제인지를 파악하도록 했다. 또한 대리점의 배송 루트나 배송 시 고객 주문에 대한 대응의 문제 등 원인을 파악하여 개선시키는 활동에 주력했다. 이와 달리 개설한 지 얼마 안 되는 신규 대리점에 대해서는 운영의 노하우 부족 문제를 해결하기 위한 신설 사업가 교육이를 '부트 캠프Boot Camp'라 함을 꾸준히 실시했다.

2단계 대리점

소규모 대리점 단계에서 벗어나 성장 모드로 접어든 대리점이다.

이 단계에 속한 대리점의 핵심 경영 이슈는 마케팅과 투자의사 결정이다. 고민의 대부분은 3가지로 모아진다. 총무관리 직원 관리의 문제, 성장에 걸맞은 대리점 경영의 문제, 투자 효과를 낼 수 있는 물량 확보의 문제다. 관리 직원을 어떻게 다룰 것인지, 배송 직원과는 어떤 차이를 두고 관리할 것인지, 교육은 또 어떻게 할 것인지 고민이 많아진다. 무엇보다 가장 큰 고민은 늘어나는 고객을 위해 어떤 시점에서 추가 투자를 할 것인지다. 배송차량을 구입할 것인지, 구입한다면 물량을 얼마나 채울 것인지 등의 고민을 하게 된다. A사는 전담 지원팀을 구성하여 적극적인 투자 의지를 갖고 있는 대리점을 돕도록 했다. 지원팀은 판매 방법, 대리점의 성장 관리, 투자의사 결정 등에 관한 조언과 더불어 실질적 도움을 준다.

3단계 대리점

대형화를 이룩한 대리점이다. 여러 명의 직원과 여러 대의 차량을 보유한 작은 기업으로서의 면모를 갖추고 있다. 따라서 경영 능력이 요구된다. A사는 대형 대리점을 위한 경영 교육을 실시하는 것 외에도 더 높은 목표에 도전하는 챌린지 프로그램Challenge Program을 만들어 진행하고 있다. 대리점 스스로 영업 계획을 수립하고, 고객서비스를 개선하며, 작은 기업으로서의 위상을 갖출 수 있도록 지원한다.

A사의 예처럼 대리점을 비롯한 거래처들을 전략적으로 분류하고

실질적 성장에 도움이 되는 활동을 전개하는 것이 필요하다. 과거처럼 획일적인 시책에 의존하여 대리점들을 일방적으로 관리하는 것은 달라진 영업 환경에도 맞지 않을뿐더러 효과도 기대하기 어렵다. 파트너 관리 체계Partner Management System를 적극 운용하여 거래처별 성장 방식을 따로 마련하고 상황에 맞는 지원을 펼쳐야 한다.

영업 실적을 올려주는
인사 · 교육 시스템

영업 조직 분석에서 인사 · 교육에 대한 분석은 개발 · 기획 · 생산 분야의 분석보다 중요하다. 왜냐하면 동기부여에 직접적 영향을 미치기 때문이다.

본래 영업 부문은 다른 부문보다 능력주의와 실적주의의 색채가 강하다. 따라서 인사 시스템과 교육 시스템이 영업 실적을 좌우한다 해도 과언이 아니다. 오늘날과 같이 시장이 성숙한 시대에는 더욱 그렇다.

인사에서도 특히 보상 부분이 중요하다. 영업 사원들의 노력에 대한 대가로 지불하는 재정적 · 비재정적 혜택을 의미하는 보상은 영업 사원에게 동기를 부여하는 가장 큰 수단 중 하나다. 우수한 영업 사원들을 유치하는 데서도 대단히 중요한 역할을 한다.

반면에 회사의 입장에서 보상은 비용이기 때문에 보상 방법을 잘 못 설계하면 회사에 큰 손실을 가져다줄 수도 있다. 하지만 보상 방법을 설계하는 데서 특정한 공식이나 보편적인 접근법은 존재하지 않으므로 회사들은 시행착오를 거치면서 자기 회사에 맞는 방법을 찾아야 한다.

가장 바람직한 보상 방법은 회사의 수익을 가장 많이 실현할 수 있는 방법이다. 따라서 보상 방법의 특징과 회사의 수익 실현 정도에 대한 논의가 매우 중요하다.

회사 관점의 바람직한 특징

회사 전략과의 일관성

영업 사원에 대한 보상은 회사의 전략적인 목표를 달성할 수 있는 방향으로 설계해야 한다. 이를 위해서는 전략 목표를 평가 기준인 성과 지표에 반영하도록 하고, 성과 지표를 바탕으로 영업 사원에 대한 보상 방법을 설계하는 것이 중요하다. 예를 들어 전체 판매액을 성과 지표로 사용하는 것이 일반적인데, 전략적인 신제품이 출시되었을 경우에는 전체 판매액이 아닌 신제품 판매액의 극대화 같은 전략 목표를 세우고 이를 중심으로 보상 방법을 설계하는 것이 더 바람직하다. 또한 판매의 극대화가 아닌 이윤의 극대화가 목표인 경우에는 판매액이 아닌 실현이익을 기준으로 인센티브를 지급함으로써 가격 할인을 자제하고 경비 절감을 유도하는 것이 낫다. 장기적인 관점에서 고객과의 관계 유지와 강화가 중요한 회사라면 단기적인 판매 실적보다 고객서비스 수준이나 고객만족도를 성과 지표로 설정하여 급여 중심의 보상 방법을 설계한다. 가장 중요한 기준은 영업 사원의 활동이 회사의 전략과 일관성을 이루도록 하는 것이다.

효율적 동기부여

보상 방법은 무엇보다 영업 사원이 목표 달성을 위해 매진할 수 있게 설계되어야 한다. 문제는 영업 사원마다 자신의 상황이나 목표, 가치관 등에 따라 선호하는 동기부여 수단이 다르다는 것이다. 따라서 한 가지 보상 방법으로 모든 영업 사원들에게 강한 동기를 부여하기는 사실상 불가능하다. 영업 사원별로 각기 다른 보상 방법을 제시하는 것이 최선일 수 있지만, 이 또한 현실적으로 실행이 어렵다. 차선은 영업 사원을 같은 특성을 지닌 몇 개의 군으로 나누어 보상 방법을 다르게 설계하거나, 보상 방법의 일부를 개별 영업 사원의 욕구에 부합하는 형태로 설계하거나, 또는 몇 개 유형의 보상 방법을 제시하여 영업 사원으로 하여금 선택하게 하는 것이다. 이렇게 하면 복잡하지 않으면서도 효율적으로 동기부여할 수 있는 보상 방법을 찾을 수 있다.

성과와의 강한 연계성

보상은 성과 달성과 높은 수준의 연계성을 가지고 있어야 한다. 즉 높은 성과를 올린 영업 사원이 더 많은 보상을 받을 수 있게 설계되어야 한다. 당연한 말 같지만 실상은 그렇지 않은 경우가 많다. 주된 원인은 성과에 대한 측정이 정확하지 않기 때문이다. 예를 들어 고객의 직접적인 주문이 주된 영업 활동인 경우, 팀 단위로 영업이 이루어지는 경우, 영업의 성과가 광고나 브랜드 파워에 크게 의존하는 경우, 대리점으로부터의 단순 구매가 대부분을 차지하는 경우 등에서는 개별 영업 사원의 실적을 정확하게 파악하기가 쉽지 않다. 설사 영업 사원의 개별 실적을 정확하게 파악하고 있다고 해도 실적에 따른 보상의 차이를 크게 느낄 수 없게 하는 현실적 고려가 작용하기도 한다. 이와 같은 원인이 보상과 성과와의 연계성을 약화시킨다. 따라서 회사는 이러한 점들을 감안하여 보상 방법이 영업 사원의 성과를 최대한 정확하게 반영할 수 있게 해야 한다.

우수 영업 사원의 유지와 유치

보상 방법은 내부의 우수한 영업 사원을 유지하고 외부로부터 우수 사원을 유치하는 데 도움이 될 수 있어야 한다. 그러기 위해서는 우수한 영업 사원에 대한 금전적 보상 수준이 평범한 사원들과 확실히 구분될 수 있어야 함은 물론, 승진이나 인정과 같은 비금전적 보상을 통해 성취감을 느낄 수 있게 해야 한다.

영업 사원 관점의 바람직한 특징

성과에 따른 안정적 수입 제공

보상 방법은 영업 사원이 기본적인 생활을 영위하는 데 불편하지 않을 만큼 금전적 보상을 안정적으로 제공할 수 있도록 설계되어야 한다. 성과가 좋지 않아도 아플 때는 며칠간 쉬어도 큰 걱정 없이 생활할 수 있을 정도의 수입을 보장할 수 있어야 한다. 동시에 성과를 올린만큼의 대가를 받을 수 있게 해야 한다. 즉 기대 이상의 성과를 올린 경우 이에 대한 충분한 보상을 받음으로써 더 열심히 일하고 싶은 의욕이 생길 수 있도록 설계되어야 한다. 그런데 통상적으로는 보상 방법의 안정성이 뛰어나면 성과에 대한 보상이 약하고 보상이 강하면 안정성이 약해지는 경향이 있다. 왜냐하면 보상도 회사로 보면 비용이기 때문에 2가지 측면의 보상을 모두 높게 유지하게 되면 수익률이 크게 낮아지기 때문이다. 따라서 회사는 생활을 위한 안장적 보상과 성과에 따른 보상의 상대적 중요성을 감안하여 자사의 문화나 상황에 적합한 보상 방법을 설계해야 한다.

단순성

보상 방법은 모든 영업 사원이 쉽게 이해할 수 있도록 단순하게 설계되어야 한다. 보상 방법이 복잡하면 영업 사원이 일정한 수준의 보상을 확보하기 위해 필요한 판매 목표를 설정할 수 없고, 이에 따라 동기부여가 저하될 수 있다. 또한 지급된 보상이 기대에 미치지 못할

영업의 미래

경우 어떻게 산출된 것인지 몰라 혼란스러움을 느끼고 회사에 대한 불만이 생길 수 있다. 따라서 영업 사원이 자신의 성과에 따른 보상 수준을 바로 계산할 수 있을 정도로 3가지 이상의 변수가 보상 방법에 포함되지 않게 단순화할 필요가 있다.

공정성

보상 방법은 모든 영업 사원이 공정한 대우를 받을 수 있도록 설계되어야 한다. 자신의 보상 수준을 다른 영업 사원과 비교했을 때 보상 방법이 공정하지 않다고 판단되면 큰 불만을 품게 된다. 영업에 대한 동기부여가 저하됨은 물론 이직의 형태로 불만을 표출할 수도 있다. 따라서 영업 사원이 자신의 노력과 능력 정도에 따라 이루어지는 성과를 스스로 측정할 수 있게 하고, 이를 기반으로 보상하는 것이 공정한 보상 방법이다. 이렇게 하면 보상이 적어도 그 원인이 자신에게 있음을 알기 때문에 회사에 대한 불만을 갖기보다 영업을 위해 더 많은 노력을 기울이게 된다.

선택성

영업 사원은 자신에 대한 보상 방법을 스스로 선택하기를 원한다. 위험 부담이 큰 영업 사원일수록 인센티브 비중이 높은 방법을 선호하는 경향이 있다. 또한 경력 단계탐색기, 구축기, 유지기, 이탈기의 4단계에 따라 선호하는 보상 방법이 다를 수 있다. 기술이 미숙하고 성과가 좋지 않은 탐색기의 영업 사원이나 은퇴를 준비하는 이탈기의 영업 사원은 상대적으로 고정 급여의 비중이 높은 보상 방법을 선호하고, 성과에 대한 자신감이 높고 금전적 필요성이 많은 구축기나 유지기의 영업 사원은 인센티브 비중이 높은 방법을 선호한다. 회사가 모든 영업 사원들로 하여금 인센티브와 고정급의 비중을 정하도록 할 수도 있지만, 그럴 경우 너무 복잡해질 수 있으므로 몇 개의 대안을 제시하고 그 가운데 하나를 선택하도록 하는 절충안이 나을 수 있다.

영업 사원에 대한 보상의 궁극적인 목적은 회사의 이윤을 실현하는 것이다. 그리고 이윤을 실현하기 위한 영업 전략은 시장과 회사의 상황 변화에 따라 끊임없이 달라지게 되므로 보상의 수준이나 방법도 시장과 회사의 구체적인 상황 변화에 따라 바꾸어나가야 한다.

영업력은 인재력

교육 시스템도 인사 시스템만큼이나 중요한 이슈다. '영업력은 곧 인재력'이기 때문이다. 단순히 기존의 수준에서 생각하면 곤란하다. 인적자원 관리 분야에서 교육훈련training과 개발development이라는 용어를 호환적으로 사용하고 있지만 엄밀한 의미에서 차이가 있다. 교육훈련은 영업 사원이 자신의 업무에 즉각적으로 적용할 수 있는 지식, 스킬, 능력을 가르치는 것을 의미하고, 개발은 장기적인 관점으로 자기계발이나 자기관리 능력을 향상시키는 것을 의미한다. 따라서 교육훈련은 비교적 단기적인 성과의 증진에 초점을 맞추는 반면, 개발은 영업 사원의 장기적인 비전과 조직의 장기적인 니즈 달성에 초점을 둔다. 영업 분야에서는 교육훈련이 개발을 포함한 포괄적인 개념으로 쓰이는 경우가 많은데, 이러한 의미에서 영업 교육훈련sales trainig은 '영업 사원의 성과 향상과 경력 개발을 위한 지식, 스킬, 능력, 자질, 행동 등을 개발하는 것'으로 정의할 수 있다.

영업 교육의 가장 중요한 목적은 영업 사원의 생산성 향상이지만, 그 외에도 사기 진작, 이직률 감소, 고객관계 증진, 원활한 커뮤니케이션 등이 포함된다.

생산성 향상

영업 교육의 일차적인 목적은 영업 사원의 생산성 향상을 통해 보다 많은 수익을 창출하는 것이다. 그래서 어떤 교육은 영업 사원 1인당 매출 증진을 목적으로 실시되고, 어떤 교육은 지출 감소를 목적으로 실시된다. 하지만 또 다른 측면에서 보면 영업 활동의 효율성이나 효과성을 증진시키기 위해 실시된다고 할 수도 있다.

총 업무 시간에서 영업 활동이 차지하는 시간의 비중을 의미하는 효율성을 향상시키기 위한 교육훈련은 시간 관리 기술, 구역관리 기술, 모바일기기의 사용 능력 등을 중심으로 이루어지며, 활동 시간당 영업 성과를 의미하는 효과성을 확보하기 위한 교육훈련은 잠재 고객 확보 기술, 프레젠테이션 기술, 상담 기술 등에 초점이 맞추어진다.

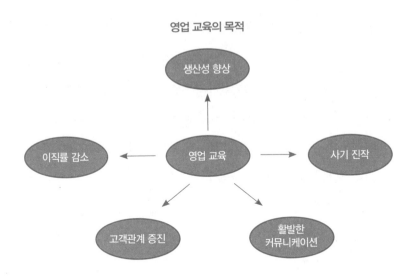

영업 교육의 목적

생산성 향상

이직률 감소 ← 영업 교육 → 사기 진작

고객관계 증진   활발한 커뮤니케이션

최근에는 생산성 향상 방법으로 SFA sales force automation, 영업 자동화 같은 IT 시스템의 도입이 늘어나고 있으므로 이에 대한 별도의 교육훈련이 요구된다.

사기 진작

교육훈련은 영업 사원의 사기를 증진시키기 위한 것이다. 사기는 업무에 대한 열정, 영업 사원으로서의 자부심 등을 의미한다. 교육훈련을 통해 잘 준비된 영업 사원은 현장에서 무엇을 어떻게 해야 할지에 대해 잘 알기 때문에 문제 상황을 해결하여 성공할 확률이 높고, 그에 따라 자부심도 갖게 되고 영업직에 대한 만족감도 느끼게 된다. 반면에 교육훈련이 덜 된 경우에는 고객의 질문에 답하지 못하는 등 업무를 제대로 처리하지 못하고 당황하는 일이 빈번히 발생한다. 당연히 실적이 오르지 않고 수입도 적어 실망감을 갖거나 자신감을 상실하게 될 수 있다.

이직률 감소

교육훈련은 이직률과도 밀접한 관련이 있다. 좋은 교육훈련이 성공적인 영업 활동을 가능하게 하고, 그 결과로 이직할 확률이 줄어든다. 한 조사 결과에 따르면 잘 설계된 교육훈련은 영업 사원, 특히 신입 사원으로 하여금 실패로 인한 실망이나 동요를 훨씬 덜하게 만드는 효과를 가져오는 것으로 나타났다. 이는 교육훈련을 통해 경험과 지식이 쌓여가면 현재 겪고 있는 어려움도 자연스럽게 해소될 수 있다는 사실을 깨닫게 되기 때문이라고 할 수 있다.

고객관계 증진

고객은 미숙한 영업 사원과 일하기를 원치 않는다. 그런 사원에게는 일일이 설명을 해주어야 하는데, 이런 상황을 좋아할 고객은 아무도 없다. 시간이 갈수록 관계만 악화된다.

영업 사원은 고객과 좋은 관계를 유지하기 위해 고객의 제품과 업무 프로세스, 산업 동향 등에 대해 잘 알고 있어야 한다. 또한 단순히 제품이나 서비스를 제공하는 것을 넘어 자사의 문제에 대한 해결책을 제시해주기를 원하는 고객들이 늘어나고 있으므로 이와 관련한 문제 해결 능력을 갖추어야 한다. 또한 점점 복잡해지는 고객들의 구매 과정에 맞추어 구매 부서뿐 아니라 생산, R&D, 마케팅, 재무회계 등 다양한 부서의 구매 요인을 파악하기 위해 지속적인 노력을 기울여야 한다.

원활한 커뮤니케이션

영업 사원이 제공하는 고객이나 시장 상황에 대한 정보는 회사의 매출 증대는 물론 영업 활동 지원을 위해서도 매우 중요하다. 그런데 실제로는 정보의 공유가 잘 이루어지지 않는 경우가 허다하다. 교육훈련을 통해 커뮤니케이션에 대한 인식과 활성화를 위한 실천을 제고해야 한다. 회사의 지속적인 성장과 건전한 조직 문화의 형성을 위해 반드시 필요한 일이다.

영업 전략을 성공적으로 수행하려면 고객 중심의 조직 구성, 동기를 부여할 수 있는 효과적인 보상 방법, 성과를 낼 수 있는 교육훈련이 한 방향으로 조화를 이루는 것이 무엇보다 중요하다. 이를 위해서는 부분은 전체에, 전체는 부분에 영향을 미친다는 사실을 항상 염두에 두어야 한다.

영업 전략에 맞는
계획의 5가지 범주

영업 전략을 계획으로 구체화할 때 유용하게 활용될 수 있는 스킬로 '로직트리Logic Tree'를 들 수 있다. 로직트리란 주어진 문제나 과제에 대해 서로 논리적 연관성이 있는 하부 과제들을 나무 모양으로 전개하는 것을 말한다. 주어진 문제를 해결하기 위해 어떤 하부 문제들을 고려해야 하는지, 어떤 수단들을 고려해야 하는지 체계를 논리적으로 연결해봄으로써 문제를 본원적인 부분에서 해결하는 스킬로, 기획 분야에서 흔히 쓰인다.

'매출 증가'라는 과제가 있다고 하자. 먼저 몇 가지 개념 키워드으로 그것을 구체화한다. '제품의 축'과 '시장의 축'으로 분류하면 제품과 시장의 현재 모습을 들여다볼 수 있다. 부문이나 구역, 거래선으로 나누어 구체화해볼 수도 있다. 또 '고객만족 향상'이라는 과제가 있다면 고객에 대한 기대치를 어떻게 충족시킬 것인가?, 철저한 고객서비스를 어떻게 제공할 것인가?, 제품과 서비스의 질을 어떻게 향상시킬 것인가와 같이 3가지로 나누어 생각할 수 있다. 회사 전체→ 부문→ 구역→ 개인으로 나누는 것도 트리화의 한 과정이 될 수 있다. 트리화를 하지 못하면 '전략→ 계획→ 목표관리'로 나아갈 수 없다. 이처럼 트리는 무엇을 하기 위해 트리화하는가에 따라 1단계, 2단계, 3단계로 계속 분류할 수 있고, 그 속에서 상황에 맞는 계획을 구체적으로 세워나갈 수 있다.

계획을 세울 때 트리를 충분히 활용할 필요가 있다. 물론 전략이 없는 회사는 트리화도 없다. 계획에도 통일성이 없게 된다. 계획이 들쭉날쭉하거나 지난해의 연장이 되어버리기 일쑤다. 전략이 명확해야 필연적으로 트리화되어 순조롭게 여러 가지 계획이 나올 수 있다.

영업 전략을 기반으로 영업 계획을 세울 때에는 5가지 범주로 나누어 접근하는 것이 효과적이다. 즉 트리tree, 예산budget, 확률probability, 과제task, 주기cycle로 나누는 것인데, 한마디로 목표 달성의 논리적인 틀 혹은 장치라고 할 수 있다.

1. 트리tree

회사 전체의 전략을 영업 계획으로 구체화한 것이다. 예를 들어 시장 전략, 제품 전략, 거래선 전략, 판촉 전략, 가격 전략 등을 토대로 시장별 수치 목표, 제품별 수치 목표, 거래선별 수치 목표, 판촉 수치 목표, 손익분석 목표 등을 구체화한다. 이때 키워드를 중심으로 트리화하면 계획을 보다 편리하게 정리할 수 있다.

트리는 회사 전체 → 부문 → 팀 → 개인 순으로 완성하는데, 중요한 것은 트리가 전사적으로 통합되고 일원화되어야 한다는 점이다. 하지만 많은 기업들이 전략도 없고 단계별 트리가 명확하지 않아 아무렇게나 계획과 시책을 세운다. 트리를 보면 해당 기업의 전략 수준과 계획의 일관성을 알 수 있다.

2. 예산 budget

트리에서 나온 영업 시책과 각 정량 수치를 부문별, 팀별, 개인별로 책정한 것이다. 목표관리의 핵심이라고 할 수 있으며, 여기에는 상의하달식뿐 아니라 하의상달식도 필요하다. 경영진의 판단에 의존하는 상의하달식이 일반적이지만, 사원들이 보다 강한 책임감을 가지고 목표 달성을 위해 노력하게 한다는 면에서 하의상달식의 장점이 있다.

사실 예산을 결정하는 시기는 회사의 체질을 혁신할 수 있는 절호의 기회일 수 있다. 예산을 고민하면서 조직도 크게 바뀔 수 있기 때문이다. 하지만 대다수의 기업들이 전년 대비 수치만 들먹이며 예산을 짜고 있다. 혁신의 기회를 스스로 포기하는 셈이다.

3. 확률 probability

수주에 필요한 여러 가지 활동에 대한 확률을 산출하여 영업 활동을 규정하는 작업이다. 방문 건수에 대한 수주율과 메일 발송 건수에 대한 응답률, 재수주율과 승률, 로스율 등을 알 수 있다. 이렇게 산출한 수치와 계수를 통해 회사 평균과 부문 평균, 팀 평균과 개인 평균을 비교하면 영업의 생산성을 파악할 수 있고, 상관관계를 분석하여 목표관리에도 활용할 수 있다.

정밀한 확률과 실질적 활용을 위해서는 다음과 같은 사항들을 고려해야 한다.

- 업무일지와 보고서를 통해 객관적인 데이터를 계속해서 모은다 (SFA를 도입한 경우에는 입력 데이터를 기반으로 한다).
- 다양한 계수의 의미를 교육하여 영업의 질뿐만 아니라 양의 중요성도 공유한다.
- 실적이라는 결과와 함께 과정을 중시하는 풍토를 만든다.
- 영업 활동이 취약한 부분은 코칭을 통해 영업 관리자와 사원이 함께 해결책을 만들어낸다.

4. 과제|task

주문을 성사시키고 계약을 체결하는 등의 목표를 달성하기 위한 영업 활동 자체를 말한다. 이를 위해 어떻게 대상을 좁히고 약속을 잡고 방문할 것인가, 어떻게 자신의 역량을 높이고 부문과 팀의 실적을 올릴 것인가와 같은 영업 과제를 설정하게 된다.

모든 영업 활동은 고객에게 초점을 맞춘다는 면에서 대동소이하다고 할 수 있지만, 업종과 업태에 따라 다르게 이루어진다. 표준화된 영업 활동 외에도 자사 특유의 영업 스타일, 각 조직에 맞는 영업 방식이 정리되어 있어야 한다. 하지만 경험, 육감, 습관에 의존하여 영업 활동을 벌이는 경우가 허다하다. 표준화된 내용도 없이 제각각 다른 방식으로 해나간다. 영업에 대해 다시 근본적인 질문을 던지고, 고성과자의 마인드와 스킬, 활동을 분석한 결과 등을 바탕으로 모두가 공유해서 반복적으로 수행할 수 있는 활동 기준과 환경을 마련해야 한다.

5. 주기cycle

연간, 반기, 분기, 월간, 주간, 1일 등의 시간 축에 따른 활동 계획을 말한다. 이것을 표준화한다는 것은 전체, 특히 현장의 의견을 반영한다는 뜻이기도 하다.

전략적인 활동을 위해서는 1주일이나 1일은 너무 짧고 1개월 주기로 계획하는 것이 적당하다. 영업 활동의 기본 단위를 30일로 해서 트리 → 예산 → 확률 → 과제를 설정한 다음 1주일, 1일 단위의 계획을 짜는 것이다.

영업 기회에서 수주까지,
파이프라인을 주시하라

경로란 무엇인가? 무엇인가를 한쪽 끝에서 다른 쪽 끝으로 전달하는 기능을 한다. 영업에서 경로란 영업 기회를 수주로 전환시키는 과정을 의미한다. 대개는 한쪽 끝에 있는 영업 기회 수가 수주로 전환되어 빠져나오는 수보다 훨씬 많기 때문에 소위 깔때기 모양그림 참조을 띠게 된다. 따라서 깔때기 모양과 길이는 곧 수익성을 나타낸다고 볼 수 있으며, CRM을 통해 영업 자동화SFA시스템을 구축하고 있는 회사들은 이것을 '파이프라인pipeline'이라고 부르며 체계적으로 관리한다.

이 깔때기 모양에 큰 영향을 미치는 4대 변수가 있는데, 투입되는 영업 기회의 '질', 투입되는 '건수', 영업 단계의 '전환율', 영업 기회에서 수주로 전환되는 '승률'이다. 질과 건수는 얼마나 많은 양질의 영업 기회들이 발굴되고 있는가를 말하고, 전환율은 영업 기회들이 다음 단계로 원활하게 진전되는가를 의미하는데, 판매되기까지의 속도라고 할 수 있다. 속도가 빠르면 그만큼 빨리 돈을 번다는 것이다. 승률은 말 그대로 계약률이다. 입수되는 정보와 영업 사원의 활동이 많은데 계약률이 낮다면 큰 문제다. 이런 현상은 영업 기회 발굴에만 초점을 맞추는 경우에 흔히 발생하는데, 반드시 그 원인을 분석하고 시정하도록 하는 코칭이 필요하다.

고객의 유형을 규정하지 않고 사업을 운영하는 경우가 흔히 있다. 이는 경로를 명확히 하지 않은 것으로, 시간과 자원을 크게 낭비하게 된다. 아무 고객이나 목표로 삼는 것은 그것 자체가 결국 목표에 부합하는 고객을 확보할 수 없다는 것을 의미하기 때문에 미래에 큰 발전을 이루기 어렵다. 누구에게나 제품을 판매한다는 것 자체가 누구나

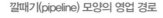

깔때기(pipeline) 모양의 영업 경로

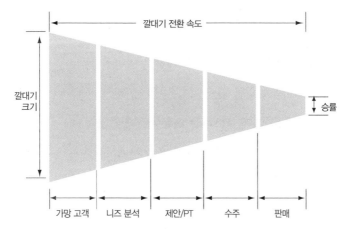

* 깔때기 모양은 입구가 클수록, 단계별 병목 현상 없이 전환 속도가 빠를수록, 승률이 높을수록 좋다.

팔 수 있다는 것을 의미하기 때문에 특정 대상에게 판매했을 때보다 많은 이익을 실현하지 못한다. 대상을 명확히 하고 고객의 발전 가능성을 파악하는 것이 중요하다.

경로의 끝, 즉 영업 기회가 수주로 전환될 수 있는 수단을 마련하는 것을 목표로 시작하는 것이 좋다. 달성하고 싶은 결과와 그 결과를 이루는 데 필요한 고객을 토대로 영업 경로를 관리해야 한다. 다음의 질문에 답해보기 바란다.

- 당신 회사의 이상적인 고객 믹스customer mix는 어떤 모습인가?
- 고객이 어디에 존재하는가?
- 새로운 분야에 영업 기회가 있는가?
- 핵심 고객과 기타 고객 사이에서 어떻게 균형을 맞추고 있는가?
- 파레토의 법칙이 적용되고 있는가?
- 핵심 고객에 대한 평균 지출 비용은 얼마인가?
- 그 외 고객에 대한 평균 지출은 얼마인가?
- 고객이 당신에게 구매하는 이유는 무엇인가?
- 무엇 때문에 고객은 당신에게 계속 구매하는가?
- 고객과의 관계가 얼마나 확고한가?

위 질문에 답하는 과정에서 기억할 점은 영업 기회가 수주로 전환되기까지 영업 경로를 거치면서 이상적인 고객의 상태에 대해 생각하는 것이다.

영업 활동 경로의 전환율을 높이려면

팀의 영업 경로는 관리의 중점 사항이나 조직, 영업의 특성에 따라 가망 고객-니즈 발견-가치 제안-수주, 또는 영업 기회-제안-PT-수주 등의 단계로 세분화해서 관리할 수 있다. 여기서 다음 단계로 이동하는 정도를 나타내는 영업 활동 경로의 전환율을 주의 깊게 살펴야 한다. 전환율이 낮다는 것은 영업 단계가 진전되지 않거나 기회를 방치하고 있다는 뜻이며, 결과적으로 매출 저하를 비롯한 여러 가지 문제를 일으키게 된다. 그런데도 이를 모르고 있는 경우가 적지 않다.

영업 관리자가 우선적으로 할 일은 영업 경로를 분석한 결과에 근거하여 필요한 판매 실적을 달성하려면 얼마나 많은 영업 기회가 창출되어야 하는지를 파악하는 것이다. 그리고 영업 사원들이 자신의 경로를 최대한 유지하기 위한 영업 기회를 창출해내도록 훈련시키는 것이다. 어떤 가치를 어떻게 제안할지를 말로 표현해보면서 최선의 방법을 찾게 하고, 필요하다면 직접적으로 판촉 활동에 변화를 주는 등의 노력과 지원을 해주어야 한다.

영업은 혼자 하는 것이 아니다. 주변의 도움이 필요하다. 영업 경로상의 문제를 해결하는 것 역시 자력으로 하기보다 다른 사람의 협조를 얻어 함께 다양한 전략적 대안들을 모색하는 것이 훨씬 효과적이다. 사원도 그렇고 관리자도 그렇다. 그 속에서 영업 기회도 확대되는 법이다.

영업력이 강해지는 '영업의 가시화'

　일반 관리와 영업 관리의 가장 큰 차이는 눈에 보이는 것과 보이지 않는 것의 관리다. 회사에서 가장 눈에 보이지 않는 분야가 바로 영업이다. 영업 사원들의 활동은 눈에 보이지 않는다. 직접 동행하지 않는 한 그들이 무엇을 하고 있는지, 고객들과 어떻게 상담하고 있는지 알 수가 없다. 따라서 오래전부터 회사들은 영업 사원들을 관리하기 위해 다양한 방법들을 고민해왔다.

　영업은 다양한 요인들이 서로 영향을 주고받으면서 매일 변화한다. 따라서 단편적인 정보만으로 영업 활동을 판단해서는 안 된다. 여러 가지 정보를 수집하고 그 정보간의 연관성을 살피면서 자사의 영업 사원들을 지원하고 관리해야 한다.

　영업 사원들을 관리하는 방법 가운데 '가시화'가 있다. 멀리 보이는 정도를 말하는 것으로, CRM을 사용하는 영업 조직에서는 '비저빌리티visibility'라고 부른다. 맑은 날씨에 통일전망대에 가보면 육안으로도 북한 땅이 보인다. 가시거리가 수십 km는 족히 된다. 사업의 미래가 그렇게 멀리 보인다면 비저빌리티가 매우 높다고 할 수 있다. 영업에서 가시성이 높은 것과 그렇지 않은 것은 많은 차이가 있다.

하지만 가시화가 단순히 매출 실적이나 그래프를 의미하는 것은 아니다. 스토리와 관계를 눈에 보이게 하는 것이며, 이를 실현할 때 비로소 회사의 영업력, 영업 사원의 역량이 강해진다.

'가시화 관리'로 꾸준한 고객 확보를

영업 기회 중에서 성공적으로 수주로 연결되는 경우는 소수에 불과하다. 예를 들어 영업 기회 100건이 확보되었을 때 그중에서 실제로 제품이나 서비스를 구매하는 고객은 10여 명에 불과할 수 있다. 즉 영업 활동이 진행되는 과정에서 많은 영업 기회들이 여러 이유로 더 이상 영업의 대상이 되지 못하곤 한다. 선별 과정에서 의사결정 권한이 없는 것으로 확인되거나, 니즈의 확인 과정에서 자사의 제품이나 서비스로는 니즈 충족의 가능성이 없는 것으로 확인되거나, 프레젠테이션 단계까지 갔지만 예기치 않게 경쟁사에 밀리거나, 반론이 제대로 극복되지 않아 잠재 고객의 불만을 사거나, 수주 과정에서 가격이 맞지 않아 협상이 결렬되거나 하는 등의 사유로 영업 활동이 더 이상

이루어지지 않는 경우가 허다하다.

신규 고객이 꾸준히 확보되려면 영업 경로의 각 단계에 일정 수의 고객들이 항상 존재해야 한다. 영업 기회에 해당하는 가망 고객도 있어야 하고, 니즈 파악 단계에 있는 고객들도 있어야 하며, 수주에 임박한 고객도 있어야 한다. 이를 위해 '가시화 관리'가 필요하다.

가시화 관리란 회사가 다양한 고객접점을 통해 획득한 모든 영업 기회를 사전에 정의한 영업 단계에 따라 체계적이고 전략적으로 관리하여 매출 성공률을 높이는 것을 의미한다. 이를 위해 회사는 경로 관리 체제를 도입하여 고객의 구매 프로세스에 따라 자사의 영업팀이

영업 단계별 경로 관리

어느 시점에 'n' 단계에 있던 고객은 일정 시간이 지나면 다음 단계인 'n+1'에 있어야 그 고객에 대한 영업 활동에 진전이 있는 것이다.
두 기간을 비교해볼 때 특정 단계에 오래(계속) 머물러 있는 고객이 존재하면 그 고객을 어떻게 할 것인지 고민해보게 된다.

구분	1	2	3	4	5
단계	가망 고객	니즈 파악	제안	수주	_
고객		★			

일정기간 후

구분	1	2	3	4	5
단계	가망 고객	니즈 파악	제안	수주	_
고객		★	★		

움직이도록 내부 판매 프로세스를 만들고, 경로를 기반으로 영업 회의를 진행하며, 경로 결과에 따라 영업보상도 결정한다. 또 경로 정보를 바탕으로 판매 예측을 하며 입수한 영업 기회를 포착하고, 영업 사원을 코칭하며 실제 영업에 적용하기도 한다. 그 결과로 매출을 늘리고 영업 관리 방식에 혁신을 가한다. 프로세스, 조직 및 시스템 등 여러 분야에 걸쳐 동시 변화를 꾀한다.

경로 관리는 마케팅과 영업 활동의 핵심으로 작용한다. 실제로 이 제도를 운영해보면 영업과 마케팅에 매우 큰 영향을 주는 것을 금방 알 수 있다. 경로 관리가 영업 활동 방식의 근본적인 변화를 요구하기 때문이다. 그런데도 경로 관리를 단순히 수주나 주문 관리 정도로 생각하거나 CRM의 한 분야로만 간주하는 경우가 있다. 잘못 알고 있는 것이다.

따라서 영업 관리자와 영업 사원들은 경로 관리의 중요성을 깊이 인식하고, 보다 나은 경로 관리 방법을 계속해서 강구해나가야 한다.

성공하는 영업 활동,
실패하는 영업 활동

영업 활동이 원활하게 이루어지기 위해서는 무엇보다 구매자가 어떠한 과정을 거쳐 의사결정을 하는가에 대한 이해가 선행되어야 한다. 일반적으로 구매자는 구매에 대한 필요가 발생했을 때 구매 가능성이 있는 대안들을 설정하고, 이 대안들을 평가하며, 평가 결과에 따라 최종적으로 하나의 대안을 선정하여 구매하는 과정을 거친다. 영업 사원들은 이러한 잠재 고객의 구매 과정에 대한 이해를 바탕으로 구매 과정의 각 단계에 부합하는 영업 활동을 전개할 수 있어야 한다.

고객이 구매 과정을 진행하지 않으면 회사가 판매 과정을 진행시키는 것이 아무런 의미를 갖지 못한다. 따라서 판매 과정은 철저히 구매 과정에 따라 이루어져야 한다. 고객의 행동을 통제할 수 있다는 생각을 버리고 고객의 행동을 이해하고 이에 적응하기 위해 노력해야 한다. '판매하기 위해 우리가 무엇을 해야 하는가?'를 생각하는 것이 아니라 '고객이 구매를 통해 성취하고자 하는 것을 위해 우리가 무엇을 할 수 있을까?'를 생각해야 한다. 이러한 과정에서 고객에게 영향을 미칠 수 있는 기회도 가질 수 있다.

이것이 당연한 사실임에도 불구하고 고객의 구매 과정에 따르지 않고 자신에게 익숙한 판매 과정에 맞추어 영업 활동을 전개하는 영업 사원들이 적지 않다. 포럼 사가 회사의 구매 담당자들을 대상으로 실시한 조사_{그래프 참조}에 따르면, 영업 사원이 범하기 쉬운 가장 큰 실수로 '고객사의 구매 과정을 따르지 않는다'는 점을 가장 많이 지적하고

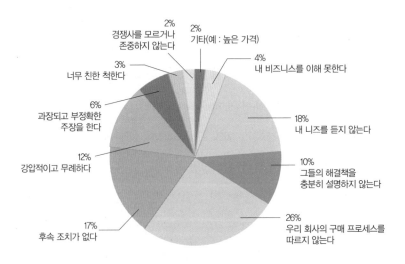

영업 담당자들의 실수

- 2% 경쟁사를 모르거나 존중하지 않는다
- 2% 기타(예 : 높은 가격)
- 3% 너무 친한 척한다
- 4% 내 비즈니스를 이해 못한다
- 6% 과장되고 부정확한 주장을 한다
- 18% 내 니즈를 듣지 않는다
- 12% 강압적이고 무례하다
- 10% 그들의 해결책을 충분히 설명하지 않는다
- 17% 후속 조치가 없다
- 26% 우리 회사의 구매 프로세스를 따르지 않는다

출처 : 포럼코리아(www.forumkorea.com) '리서치 개요'

영업의 미래

있다. '고객사의 니즈를 듣지 않는다', '사후 관리를 하지 않는다'와 같은 직접적인 불만보다 공급업체가 자사의 구매 과정에 부응하지 못하는 영업 활동으로 인해 불만을 가지고 있다고 말하는 응답자들이 훨씬 더 많다는 것이다.

고객의 구매 과정을 잘 이해하고 이를 기반으로 현재의 고객이 구매 과정의 어느 곳에 위치하는지를 파악하여 이에 부응하는 영업 활동을 전개하느냐의 여부가 성공적인 영업 사원이 되느냐, 평범한 영업 사원이 되느냐를 가늠하는 중요한 요인이 된다. 특히 B2B 영업에서는 고객사의 현재 구매 과정상의 위치를 파악하기 위해 많은 노력을 기울여야 한다. 이를 위해서는 구매팀의 여러 구성원들을 접촉하여 다양한 정보를 수집해야 하며, 이러한 정보를 바탕으로 최대한 객관적이고 균형 잡힌 결론을 내려야 한다. 그래야 성공률을 최대화하고 실패율을 최소화할 수 있다.

시각차의 비극_
All Pain, No Gain

　　본사와 대리점_{가맹점}은 근본적으로 다른 이해관계를 갖고 있다. 대리점의 이익은 판매액에서 매출원가를 뺀 것으로, 이익 증대를 위해서는 판매량을 높이거나 매출원가를 낮춰야 한다. 매출원가를 낮추려면 본사로부터 제품을 낮은 가격으로 공급받거나 장려금 같은 각종 영업 비용의 지원을 받아야 한다. 판매액을 높이는 부분에서는 본사와 대리점이 같은 이해관계를 갖고 있지만 매출원가와 관련해서는 전혀 다른 시각을 가질 수밖에 없다.

　　그나마 경기가 좋거나 업황 자체가 좋을 때는 이런 문제가 쉽게 불거지지 않지만, 불황이거나 상황이 악화되면 시각 차이가 표면화될 수 있다. 예를 들어보자. 방문판매사업의 경우 일반적으로 판매원을 모집함으로써 매출을 올리게 된다. 이를 '증원'이라고 한다. 불경기에는 판매원을 새로 뽑기 쉽지 않으므로 이미 뽑아서 활동하고 있는 기존의 판매원들이 올리는 매출을 중심으로 성장할 수밖에 없다. 그러나 불경기에는 기존 판매원도 고전할 수밖에 없게 된다. 이 때문에 판매원들을 관리하는 대리점은 매출 목표 달성을 위해 무리한 판촉 활동을 벌이게 된다. 그 결과 완전판매실제 수요 고객에게 판매가 되고 수금까지 완료된 상태가 되지 못한 상태로 매출 목표 달성을 위해 밀어내기를 하게 된다. 무리한 판매는 대리점과 판매원 중 어딘가에 미판매재고로 쌓이게 되고, 영업이 침체 현상을 보이게 된다. 이에 또 본사가 판매의 붐업을 위해 판촉행사나 이벤트를 하게 된다. 다른 한편으로 판매원들의 이탈을 막기 위해 고정급을 제안하거나 권한을 더 부여하기도 하는데, 이 과정에서 비용은 늘어나고 성과는 향상되지 않는 악순환이 생겨나기도 한다. 'All Pain, No Gain모두를 고통스럽게 했지만 아무것도 얻는 것은 없다'이라는 말 그대로의 상황이 되는 것이다.

본사와 대리점 간 시각차의 원인

본사는 대리점의 영업 활성화를 위해 자신이 투자하고 있는 총비용 관점에서 영업 지원비를 계산한다. 즉, '총비용Total Expenditure 관점'에서 본사가 전체적으로 영업의 활성화를 위해 얼마공급가+장려금+광고 홍보비+마케팅비+교육+컨설팅 지원 등를 쓰고 있다고 주장한다. 반면에 대리점은 '총원가Total Cost 관점'을 갖고 있다. 본사가 영업 활성화에 사용하는 비용은 대리점 입장에서는 인식도 안 될 뿐더러 관심을 갖기도 쉽지 않다. 결국 대리점은 오로지 '본사가 제공하는 공급 가격의 수준매입가+장려금+완제품 수준에서 제공되는 마케팅 비용 등'에 초점을 두게 된다. 실제로 영업에 투입되고 소득과 직결되는 것들만을 기반으로 마진을 계산하게 된다.

이 같은 본사와 대리점 간의 '시각차'는 각자의 역할과 기여해야 할 바가 무엇인지 공유되어 있지 않는 데서 발생한다. 또한 관행처럼 집행되는 왜곡된 영업 비용도 시각차를 조장하는 주요 원인이다. 대표적으로 백 마진Back Margin. 매출에 따라 성과급 개념으로 주는 리베이트 또는 정상가로 출고할 수 없을 때 사후적으로 보장하는 각종 보상을 들 수 있는데, 백마진은 곧 대리점의 이익이라는 인식이 암묵적으로 퍼져 있어 문제를 야기하곤 한다.

본사가 대리점이나 가맹점 관리를 어떤 관점으로 하는가도 무시할 수 없는 부분이다. 본사는 대리점들을 통제 가능한 채널로 인식하여 이에 필요한 관리 시스템을 구축하기 위해 노력하는 반면에, 대리점들은 '본사는 (최대한 싸게) 제품을 넘기면 그만이다. 나머지는 내 사업이니 내가 알아서 한다'는 입장을 보인다.

고객 정보 공유와 관련한 시각차도 뚜렷하다. 보통 본사는 대리점을 상대하고 대리점은 고객을 직접 상대하는데, 이 과정에서 본사는 영업 정책을 개발하고 마케팅 활동을 전개하기 위해 대리점이 보유하고 있는 고객 정보를 원하는 데 반해 대리점은 고객 정보를 제공하면 본사와의 협상력이 약해지고 자신의 존재 기반이 없어질 수 있다고 우려한다. 본사 관리자가 대리점을 상대로 고객 정보의 공유가 궁극적으로 고객을 확보하여 판매에 도움이 된다는 점을 설득하며 별도의 합의를 통해 고객 정보를 입력할 수 있는 제도적 장치를 시도하지만 만만치가 않다.

이처럼 복잡미묘한 본사와 대리점 간의 시각차를 어떻게 극복할 수 있는지 다음의 두 사례를 통해 시사점을 찾아보기로 하자.

시각차에 대한 사례 연구1

대리점과의 끈끈함에 집착하다 '시각차 극복'에 실패한 G사

건강식품 방문판매사업을 하는 G사의 K사장은 1970년대 말 창업 이후 방문판매사업을 성공적으로 일으킨 경험을 갖고 있다. 그는 본사와 대리점 간의 관계를 누구보다 중시하는 경영자다. 본사와 대리점 간의 가족 같은 분위기가 사업의 성공 요인이라 보고 관계 관리에 역점을 두었다. 좋은 제품에 대한 믿음을 기반으로 본사와 대리점을 선후배나 형제와 같은 관계로 설정한 것이 영업 조직의 힘으로 작용했고, 큰 성공으로 이어졌다. 끈끈한 유대관계가 본사와 대리점의 공동 목표를 달성하는 원동력이 되었던 것이다.

그런데 2000년대 들어 방문판매사업의 환경이 급변하면서 위기가 닥쳤다. 강력한 브랜드 파워를 가진 다단계업체가 등장하고, 점포 사업의 형태로 유사한 제품을 판매하는 경쟁사들까지 가세하면서 방문판매의 영업 모델이 경쟁력을 잃고 말았다. K사장은 사업 체계를 재점검하고 대리점과의 관계 강화를 위한 다양한 노력을 기울였지만 번번이 실패를 거듭했다. 근본적으로 과거의 성공 경험에서 탈피하지 못한 탓이었다. 건강기능식품에 대한 정보가 부족했던 고객들을 대상으로, 건강한 기업 이미지를 홍보하며, 젊고 의욕적인 대리점 사장이 강의와 체험 기회 제공을 통해 고객들을 모집하고 판매하는 방식은 더 이상 고객들의 마음을 움직이지 못했다. 반면에 새롭게 등장한 경쟁사들은 본사와 대리점이 각자의 사업을 영위하는 주체라는 인식을 기반으로 영업 모델을 재정립했다. 다른 방문판매업체도 전문 판매원을 양성해서 판매 방식을 선진화해나갔다. 특히 고객 지향적으로 제품과 세일즈 토크를 단순화하고 체계화하는 데 집중했다.

G사가 시대의 흐름을 읽지 못하고 실패를 거듭하게 된 근본 원인은 '관계에 대한 집착'이었다. 이에 대해 좀 더 구체적으로 살펴보자.

첫째, 본사와 대리점이 상호 관계에 집착한 나머지 '고객'이라는 본질을 놓친 점이다. G사는 그동안 고객들에게 건강기능식품의 효능을 보기 위해서는 몇 개월치를 한꺼번에 구입해서 꾸준히 복용해야 한다는 사실을 전파하며 건강강좌 등을 열어 제품을 권유하는 시스템을 활용했다. 초기에는 이런 시스템이 성공을 거두기도 했지만 더 이상은 아니었다. 수많은 정보를 접할 수 있게 된 고객들이 "고객의 건강을 책임지겠습니다"라는 판매원의 말에 귀를 기울이지 않았고, 한꺼번에 왕창 제품을 안기는(판매하는) 행태에 거리를 두게 되었다. 그럼에도 불구하고 본사는 고객들의 변화에 맞추려는 노력보다 대리점과의 관계에 발이 묶여 있었다. 뒤늦게 이를 깨달았지만 이미 고객의 폭은 좁아진 다음이었고 경쟁에서도 한참 뒤처진 상태였다.

둘째, 본사와 대리점의 관계가 냉혹한 비즈니스 관계로 바뀌었다는 사실을 제대로 인식하지 못했다는 점이다. 급변한 영업 환경에 맞추어 본사와 대리점의 역할을 명확히 하고 상호 합의에 따라 관계를 재정립하는 일이 필요했는데, G사는 그러한 일이 이루어지지 않았다. 본사는 여전히 과거의 가족 같은 관계를 내세우며 대리점을 통제하려 들었고, 대리점은 뿌리 깊은 피해의식 속에서 본사가 대리점에 더 많은 것을 베풀어야 한다는 주장을 굽히지 않았다. 심지어 자신의 주장이 관철되지 않을 경우 사업을 접겠다거나 경쟁사로 이전하겠다는 식으로 나오는 대리점도 있었다. 게다가 오랜 기간 유지되어온 가부장적 문화와 커뮤니케이션의 부재가, 사업 자체보다 상대의 속셈에 더 신경을 쓰는 관계를 고착화하고 있었다.

셋째, 사업을 본격적으로 키워나가기 위한 대리점의 투철한 사업가 정신이 부족했다는 점이다. G사에서는 오랜 기간 본사의 시책 중심으로 영업 활동이 이루어졌고, 그 결과 대리점이 모든 것을 본사에 의존하는 경향을 보이면서 사업가 정신의 발휘를 어렵게 만들었다. 이런 상황에서 비즈니스 논리에 입각한 효율적인 영업 정책이 대리점에 의해 수용되고 시행될 가능성은 없었다.

넷째, 본사와 대리점의 왜곡된 관계가 정책의 집행을 가로막았다는 점이다. 예를 들어 본사와 친한 대리점은 성과와 관계없이 편법 지원으로 많은 혜택을 본 반면, 그렇지 못한 대리점은 성과가 나도 지원은커녕 불이익을 보는 경우가 발생했다.

다섯째, 대리점의 양면성이 영업 정책의 파급력을 떨어뜨렸다는 점이다. 예컨대 어떤 경우에는 본사가 대리점을 위해 아무것도 해주지 않는다고 하고, 어떤 경우에는 이건 내 사업이니 내가 알아서 하겠다고 하는 입장을 보였다. 지원에 대한 불만과 간섭에 대한 반발심이 공존하다 보니 영업 정책이 일관성 있게 전파되지 못하는 일이 자주 일어나게 되었다. 결과적으로 본사는 본사대로, 대리점은 대리점대로 상대에 대한 불신을 갖고 있는 상태에서 시각차를 극복하지 못하고 유기적인 협조 체제를 이룰 수 없었다.

여섯째, 본사의 잦은 정책 변경으로 대리점이 고객 정보 공유를 꺼리게 되었다는 점이다. 혼란스러운 상태에서는 나서려 하지 않는 것이 인지상정이다. 또 어떻게 바뀔지 모르는데, 최후의 보루처럼 여기는 고객 정보를 본사에 선뜻 내어줄 대리점은 없을 것이다. 이것이 결국 본사를 고객들로부터 멀어지게 하고, 본사가 의도한 고객서비스의 향상도 기대할 수 없는 결과를 낳았다.

시각차에 대한 사례 연구 2

대리점과의 시각차를 성공적으로 극복한 N사

세계 최대의 생수회사 중 하나인 N사는 전 세계에 걸쳐 있는 전문

영업의 미래

가맹점들을 성공적으로 관리해왔다. 그런데 생수시장의 경쟁이 치열해지면서 신규 고객의 창출이나 기존 고객의 유지가 점점 어려워지는 상황에 놓이게 되었다. 더불어 가맹점 운영에 들어가는 비용도 전보다 훨씬 상승하게 되었다. 특히 소형 가맹점들이 문제였다. 투자할 수 있는 시간과 인원, 비용이 제한되어 있는 데다 제품 배송에만 급급하다 보니 경쟁력과 성장성 면에서 절대적인 열세를 면치 못하고 있었다.

이런 상황에서 N사는 가맹점과의 시각차를 극복하고 경쟁에서 우위를 점하기 위하여 다음과 같은 정책을 전격적으로 추진했다.

첫째, 가맹점을 대형화하는 사업을 지속적으로 추진했다. 단순히 가맹점의 구조를 바꾸는 것이 아니라 고객서비스의 수준을 최고로 높일 수 있는 방향으로 근본적인 변화를 시도했다. 가맹점주가 생계에만 집착하지 않고 서비스 개선을 통해 소형 가맹점의 한계를 돌파할 수 있는 대형화에 집중했다.

둘째, 무엇보다 경쟁력 강화에 중점을 두었다. 경쟁사들과의 지역 경쟁에서는 일정한 규모와 함께 상대적 우위 요소를 갖추어야 유리한 고지를 선점할 수 있다는 판단에 따른 결정이었다.

셋째, 가맹점주의 경영 마인드에도 주의를 기울였다. 교육과 실행을 통해 가맹점주가 사업가적 안목을 키울 수 있도록 유도하고, 이를 보완할 각종 지원책을 마련하여 시행했다.

넷째, 가맹점을 관리하는 영업 사원의 역할을 재조정했다. 현장에서 고객을 상대로 한 영업 행위에 국한하지 않고, 가맹점의 운영과 서비스 수준을 관리, 향상시키는 슈퍼바이저supervisor의 역할을 수행하도록 했다. 가맹점 배송 사원의 생산성을 평가하고, 재고를 조정하고, 차량의 청결 상태와 배송 루트의 적절성을 점검하고, 배송 사원의 차림새를 살피는 일 등을 통해 고객만족도를 높일 수 있도록 한 것이다.

다섯째, N사는 가맹점이 보유한 고객 정보를 바탕으로 고객관계관리에 만전을 기하는 것이 매우 중요하다는 사실을 인식하고, 독자적인 IT 프로그램을 개발하여 적극 활용했다. 이 프로그램의 핵심은 고객 정보와 배송 루트를 신속하게 파악하고 효율적으로 관리하는 것이었다. 이를 통해 본사가 고객의 주문과 불만 사항 등을 상시적으로 접수하고 가맹점에 전달하게 된 것은 물론, 휴면 고객을 구분하고 신규 고객을 개척하는 것이 가능해졌다. 또한 가맹점에 배송 루트를 조언해줌으로써 보다 효율적인 배송과 함께 고품질의 서비스를 제공할 수 있도록 했다.

N사는 가맹점들이 좀처럼 고객 정보를 공유하려 하지 않는 문제를 해결하기 위해 본사의 전략을 공유하고, 각자의 역할을 명확히 하며, 가맹점의 성장과 수익성 개선을 위한 각종 활동을 통해 상호 신뢰를 높여나가는 활동을 꾸준히 벌였다. 이러한 활동이 효과를 거두어 원활한 정보 공유를 할 수 있었고, 체계적으로 서비스를 제공하면서 사업을 성장시킬 수 있었다.

N사의 사례는 본사와 가맹점이 '고객 확보와 증대'라는 공동의 목표 위에서 다양한 시각차를 좁혀 원원하는 것이 어떻게 가능한지를

보여준다.

본사와 대리점의 시각차 극복과 바람직한 관계 설정 방법

다음의 도표는 최근에 본사와 대리점의 역할을 새롭게 정리한 기업에서 실제로 사용하고 있는 것이다.

그동안은 본사가 대리점이나 가맹점을 독려해서 '많이 팔게 만드는 것'이 목표였다고 한다면, 앞으로는 '생산성Productivity을 높이는 것'이 주 목표여야 한다. 이를 위해서는 3가지의 S3s를 염두에 두어야 한다.

첫째, 전략적Strategic인 관점에서 본사와 대리점의 경쟁력 향상을 위해 노력해야 한다.

이제부터 본사와 대리점이나 가맹점과의 바람직한 거래관계의 설

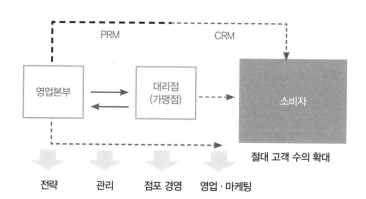

영업본부(본사)와 대리점의 관계

정은 미래 지향적이어야 한다. 본사가 단순히 대리점이나 가맹점의 매출이나 고객 수를 늘려주려는 활동을 일부 도울 수는 있지만 일시적으로 나타나는 효과에 그칠 것이다. 대리점의 판매를 일시적이고 직접적으로 늘리기 위한 조치는 일시적으로 매출을 늘릴 수 있지만 곧 매출의 효과가 빠지는 것이 영업의 고전적인 딜레마다. 이 딜레마 해결을 위해서는 두 가지를 염두에 둬야 한다. 하나는 대리점이나 가맹점을 전략적으로 어떻게 끌고 갈 것인지를 정립해야 한다. 우선적으로 인식의 공유가 필요하다. 대리점이나 가맹점 하나하나의 성장이 곧 본사의 성장임을 감안하여 대리점의 성장 방법에 대해 진지한 고민을 해야 한다. 다른 하나는 대리점이나 가맹점의 구조에 대해서도 들여다보아야 한다. 예컨대, 대형화를 통해서 경쟁에 대응할 것인지, 소형화를 더 많이 해서 지역 담당을 촘촘히 할 것인지를 정해야 한다. 대리점이나 가맹점 또한 자신의 사업을 키우고 소득을 증대할 수 있는 방안을 전략적인 관점에서 수립해야 한다. 큰 기업에서 하듯이 멋진 전략을 수립할 수는 없겠지만, 작더라도 자신의 사업을 성장시키기 위한 방법을 진지하게 고민해서 수립해야 한다. 대리점이나 가맹점도 정체성identity을 '자기사업의 주체'로 명확히 인식하고 본사가 계획해 주는 것이 아니라 그들 스스로가 매출을 올리고 이를 통해 수익을 '실천적'으로 향상시키는 계획을 세워야 한다. 단순히 좋은 관계를 맺는 게 중요한 것이 아니라, 이처럼 사업에 대한 서로 다른 관점을 하나의 전략 안에서 일치시켜나가는 것이 전략적 관점의 핵심이다.

둘째, 체계적Systematic인 관점에서 상호 사업 향상 제도와 시스템이 설계되어야 한다.

전략적인 관점에서 대리점이나 가맹점을 성장시키는 방향이 정립되었다면 방향에 따른 운영체계가 바람직한지를 판단해야 한다. 현실적으로 고객을 상대하는 영업은 대리점이나 가맹점에서 이루어진다. 그런데 본사의 영업 사원이 어떤 일을 하는 사람인지에 대해 모호하게 정리되어 있는 경우가 많다. 따라서 대리점이나 가맹점 관리를 체계화하기 위해서는 대리점을 관리하는 본사 영업 사원의 역할부터 명확히 해야 한다. 본사의 영업 사원이 자기 사업을 하는 대리점이나 가맹점에 대해 어떤 기여를 하는가 또한 정립해야 한다. 이는 본사의 역할과 대리점 또는 가맹점의 역할을 명확히 하는 것과 연계되어 있다. 다시 말해서 체계화는 각 거래 주체의 역할을 명확히 하는 것으로부터 출발한다.

체계화의 정립 과정에서 상호 간 인식의 차이를 줄이는 노력도 필요하다. 본사는 대리점이나 가맹점을 '관리 시스템'에 맞게 운영하려고 하는 반면에 대리점이나 가맹점은 이를 시스템으로 받아들이지 않고 본사의 입맛에 따라 컨트롤하려 든다고 인식하는 경우가 많기 때문이다. 대리점이나 가맹점과 본사의 거래관계에서 '당신이 왜 나를 관리하려 드는가?' 하는 논쟁은 의미가 없다. 관리를 하고 안 하고의 문제가 아니고, 관리는 어느 경우에나 하는 것이라는 공통된 인식이 필요하다. 관리가 억압적이냐 비굴하게 하냐의 논쟁은 있을 수 있으나, 있느냐 없느냐의 논쟁은 대리점 또는 가맹점 사업에서 있을 수 없다. 무엇을 과학적으로 투명하게 관리하는가가 중요한 것이다.

셋째, 과학적Scientific인 관점에서 영업 사원 및 대리점 관리가 이루어져야 한다.

과학적이라는 말은 보통 지역별 대리점의 최적 규모를 설정하고, 세분한 지역시장별 판매 방안과 도구를 마련하고, 인센티브 제도를 정립하고, 지역별 대리점 수와 분포, 대리점망 확산 방안, 제품 제안, 영업 지원, 기타 지원 체계 등의 '수준을 높이는 것'으로 인식된다. 그러나 진정한 과학화의 의미는 단순히 수준을 높이는 것만이 아니다. 본사가 대리점 현장의 눈높이에 맞추어 제도를 설계하고, 대리점의 실질적인 성장 방법에 대한 깊은 고민을 통해 전략을 마련하며, 대리점마다의 성장 단계에 따라 관리 시스템을 만들어가고, 대리점 스스로 성장 계획을 수립할 수 있게 하는 것 등을 의미한다.

대리점 체제하에서의 과학화는 첫째, 본사가 통제를 위해서 대리점을 파악하는 것이 아니라 대리점의 성장을 위해서 필요한 데이터를 수집하고 분석하는 일로부터 시작되어야 한다. 둘째, 매출을 올리고 이를 통한 수익을 '실천적'으로 향상시키는 계획을 꼼꼼히 짜야 한다. 셋째, 대리점의 계획 수립을 위해 시장 분석을 도와주고 성장 포인트를 함께 찾아나가도록 해야 한다. 넷째, 전략이 수립되고 실행되도록 이끌어야 한다. 즉, 포괄적인 계획이나 방향이 아니고 구체적이고 디테일한 실행을 지원해야 한다.

본사와 대리점은 성장의 방법, 공동의 성공을 위한 관리 시스템, 각종 제도 설정과 전략의 공감대를 하나하나 이루어나가야 한다. 더이상 '장사치'에 머물지 말고 제대로 된 사업가의 모습을 갖추어야 한다. 장사치와 사업가의 결정적인 차이는 '투자를 하고 안 하고의 차이'다. 본사는 자신의 자금, 시간, 열정을 대리점(가맹점)의 성장에 투자하고 대리점 또한 그래야 한다. 이것이 대리점 또는 가맹점 전략의 본질이다. 현장에 맞는 투자 전략을 세우고 이를 실행하며, 그 결과를 토대로 상호 피드백하는 과정이 중요하다. 그렇게 협업하는 과정을 통해 관점의 차이를 좁히고 공감대를 넓혀나갈 수 있다. 그렇게 되면 '서로 고통스러웠지만 얻는 게 아무것도 없는All Pain, No Gain' 현상도 사라지게 될 것이다.

3장

측정과
예측이
가능하게 하라

: 과학적 영업(Scientific Selling)

영업은
과학이다

    시중에 나와 있는 영업 관련 책들에 '과학적'이라는 제목이 붙어 있다. 하지만 과학적이라는 것은 단지 제목의 일부일 뿐이다. 사람들에게 신뢰를 주기 위해 그런 표현을 사용하고 있지만, 실제로는 '내가 하루 동안 얼마나 많은 계약을 했는가?'와 같은 사례 중심의, 일반화하기 어려운 내용들을 다루고 있다.

    과학이라고 하면 우리는 객관적인 데이터에 근거하여 측정 가능한 진짜 과학을 생각한다. 진짜 과학은 과학적인 방법론을 따라야 하고, 실험을 통한 데이터와 공식, 가설의 검증과 같은 과정이 있어야 한다. 마찬가지로 과학적 영업이라고 하면 다양한 케이스 스터디를 통해 전략 수립에서부터 영업 계획, 코칭, 지속 가능한 성과 향상 등 영업 환경과 관련된 모든 분야에 대해 과학적으로 접근할 수 있는 방법을 제시할 수 있어야 한다. 과학적 접근을 통해 영업은 보다 측정 가능하고, 예측할 수 있는 영역이 된다.

그런데 영업 사원들은 아직도 대략적인 숫자만 파악하고 있을 뿐, 거래처별로 상세한 분석을 하지 않는다. 그 이유를 물어보면 고객마다 특성이 있기 때문에 과학적인 논리를 도입하는 것은 무리가 있으며 무의미한 일이라고 말한다. 과연 그럴까? 그렇지 않다. 영업은 얼마든지 분석이 가능하며, 과학적 결론을 통해 혁신의 기초를 마련할 수 있다.

영업은 타고나는 것이 아니라 훈련되는 것

영업 방법이 과학화되기 시작한 지는 이미 오래다. 1925년 7월 에드워드 스트롱은Edward K. Strong은 《판매의 심리학The Psychology of Selling》을 집필했다. 독창적인 내용으로 가득한 이 책은 영업 스킬과 관련된 기본적인 원칙들을 정립했다. 제품의 특성, 장점, 고객의 반대 극복하기, 마무리 스킬, 그리고 개방형 질문과 폐쇄형 질문 등에 대한 해답을 제시했다. 이 책을 통해 사람들은 효과적인 영업을 하려면 더 배워야 한다는 것을 깨달았고, 이로 인해 영업 교육이 태동하기도 했다. 세일즈에 관한 그의 개념들은 60여 년이 넘게 복제되고 각색되고 정교하게 다듬어져왔다. 에드워드 스트롱이 '영업은 타고나는 것이 아니라 훈련될 수 있다'는 인식을 심어준 결과다.

1970년대 허스웨이트Huthweite Inc.의 닐 라컴Neil Rackham은 영업의 과학화에 크게 기여했다. 당시에 영업 방법론을 연구하던 그와 연구진은 저가의 단순한 제품을 파는 영업에 적용되는 스킬과 고가의 복잡한 제품이나 서비스를 파는 영업에 적용되는 스킬이 달라야 한다는 생각에 관심을 가졌다. 32개국에서 3만 5,000여 건에 이르는 고객 방문에 동참하여 복잡한 영업 환경에서 성공과 실패를 가르는 요인이 무엇인지 분석했다. 12년에 걸친 연구 프로젝트의 결과물이 몇 권의 책으로 출판되었는데, 그 첫 번째가 《당신의 세일에 스핀을 걸어라SPIN Selling》이다. 이 책이 소개되면서 영업 교육과 접근 방식에 획기적인 변화가 일어났고, '솔루션 셀링Solution Selling'이라는 새로운 영업 방식이 부흥하게 되었다.

이후 30년 동안은 영업과 관련된 다양한 방법론적인 개선이 있었지만, 혁신이라 불릴 만한 발전은 없었다. 물론 영업을 자동화하고, 영업 프로세스를 개선하고, 고객관계 관리에 대한 개념이 정립되기는 했다. 그러나 대부분 점진적인 정립 과정을 거쳤을 뿐, 혁신적이라고 하기에는 어려웠다.

과학적 영업의 롤 모델과 비과학적 영업의 3가지 유형

흥미롭게도 지난 30년간 가장 혁신적인 발전이 일어난 곳은 영업의 반대편에 있는 구매 부문이었다. 공급자 관계 관리Supplier Relationship

Management 전략, 공급체인 관리Supply Chain Management 등과 같은 강력한 구매 방법론을 바탕으로 새로운 형태의 구매가 탄생했고, 이에 따라 영업에도 변화가 일어났다. 그러면서 구매부서는 회사의 핵심으로 인정받게 되었다.

구매 분야가 이렇게 발전하게 된 배경에는 인터넷이 비즈니스 세계로 들어오면서 이메일이나 자동 유통망, 클라우드 컴퓨팅이나 스마트폰, 웹콘퍼런스 같은 스킬적인 요소들의 영향이 크다. 구매자들이 10년 전엔 상상도 하지 못했을 여러 정보들을 실시간으로 접할 수 있게 됨에 따라 구매 욕구와 행동에 엄청난 변화가 나타났고, 이것이 구매 방식에 혁신적 발전을 가져왔다.

구매 분야의 혁신에 따라 영업 분야에서도 새로운 혁신을 요구받게 되었다. 더 이상 미룰 수 없는 과제가 되었다. 이러한 요구와 과제를 해소해줄 만한 혁신으로 '인사이트 셀링Insight Selling'이 제기되었다. 확실히 판단하기에는 아직 이른 감이 있지만, 앞서 소개한 매슈 딕슨과 브렌트 애덤슨이 수행한 연구The End of Solution Sales는 혁신이라 하기에 충분한 조건들을 충족시키고 있다. 또한 영업 과학화의 롤 모델이라고 할 수 있다.

이처럼 영업은 실증 연구를 통해 점점 과학적 근거들을 확보해가고 있다. 그런데도 국내의 많은 기업들은 여전히 검증되지 않은 낡은 전통적 영업 방식과 스킬을 고수하고 있다. 스탠퍼드대학의 제프리 페퍼Jeffrey Pfeffer와 로버트 I. 서튼Robert I. Sutton 교수가 공저한《증거 경

영업의 미래

영》이라는 책을 보면 그러한 기업들의 행태가 아주 잘 묘사되어 있다. 그동안 기업들이 당연한 것으로 여겼던 경영 원칙들이 실은 근거 없는 반쪽 진리에 불과하다는 점을 밝히고, 어떤 사실을 무턱대고 받아들여선 안 되는 이유를 설명한다.

기업들이 확실한 과학적 증거에 기반하지 않고 내리는 형편없는 의사결정 유형 가운데 가장 보편적이면서 해로운 것으로 다음의 3가지를 들 수 있다.

첫째, 무분별한 벤치마킹이다.

다른 회사의 경험에서 배우는 것은 문제가 없다. 간접 경험은 직접 경험 못지않게 배움과 해결의 실마리를 제공하는 중요한 방법이다. 문제는 벤치마킹이 이루어지는 방식에 있다. 성공적인 회사가 어떻게 성공할 수 있었는지, 과연 그 방식으로 성공을 거둘 수 있는지를 논리적으로 생각해보지도 않고 마구잡이로 베끼려고만 한다면 실패를 자초하기 쉽다.

둘째, 과거에 효과가 있었으니 그냥 하는 것이다.

과거 경험에서 배워 전략과 전술의 효과를 높이자는 것에는 이론의 여지가 없다. 하지만 현재의 상황이 과거와 다르거나 과거에는 옳았는데 현재 시점에서 아닐 때는 새로운 방법을 찾아야 한다. 답습의 함정에 빠져 과거의 관행을 무조건 되풀이하는 것은 더 큰 문제를 일으킨다.

셋째, 검증되지 않은 이데올로기를 무작정 따라하는 것이다.

탄탄한 논리나 확고한 사실에 근거하지 않고 단순히 경영에 효과적일 것이라는 믿음에 휩쓸려 조직을 운영하는 경우가 적지 않다. 스톡옵션을 사용하면 조직을 효과적으로 움직일 수 있다는 이데올로기가 대표적이다. 하지만 이 때문에 오히려 조직에 손해를 입히고 시장에 고통을 주는 일들이 종종 벌어진다. 잘못된 신념이 증거를 눌러버린 결과다.

영업은 업종이나 거래 형태에 따라 시각과 접근 방법을 달리해야 한다. 과거의 관행이나 성공 경험, 무분별한 관념에서 벗어나 과학적이고 현실적인 눈으로 새롭게 보고 방법을 찾아야 한다.

따라서 이 시대의 영업 사원들은 영업의 과학화 흐름에 맞게 새로운 정보를 빠르게 수용하고, 스킬을 익힐 수 있는 지적 능력과 고객에게 통찰을 제시할 수 있는 능력, 고객의 구매 과정 전반에 걸쳐 지원해주며 영업 과정을 잘 이끌어나갈 지혜를 고루 갖추고 있어야 한다. 인터넷을 이용하며 소셜미디어를 상시적으로 이용하는 구매 패턴과 빠르게 변화는 시장 상황에 부합해가야 한다. 과거 영업 방식을 고객들이 좋아하지 않기 때문이다.

숫자만 보지 말고 질문을 던져라

어느 영업 조직이건 매출을 분석한다. 목표 달성도와 전년 대비 성장률을 따진다. 영업 활동을 정확히 분석하려면 매출 분석에 많은 노력과 에너지를 투입해야 하는 것이 사실이다. 그러나 매출만 분석한다고 해서 영업력이 강해지는 것은 아니다.

　매출액과 같은 숫자를 목표로 하는 경우에는 결과가 미달로 끝나더라도 '수요가 떨어졌다', '고객의 특별한 사정 때문이다'라는 식의 변명이 가능하다. 그렇게 되면 관리자는 더 이상 이유를 물을 수 없고 문제를 발견하기도 어려워진다. 어디부터 손을 대야 할지 실마리를 찾기 어렵다. 결국 영업 사원 개인의 능력에만 의지하게 된다. 하지만 누구나 할 수 있는 행동을 목표로 영업 활동을 관리하면 변명의 여지가 사라지고 조직력으로 경쟁하는 체제를 만들 수 있다. 다음과 같은 질문을 던질 수 있어야 한다.

- 신뢰받는 고객의 파트너가 되기 위해서 고객(사)이 속한 시장의 경쟁 구도와 기회 요인을 파악하고 있는가?
- 고객사의 고객들과 경쟁사에 대해 알고 있는가?
- 고객사의 의사결정 프로세스를 알고 있는가?
- 고객사의 조직 문화와 중시되는 가치나 심리 코드를 알고 있는가?
- 고객사에서 추구하는 장단기 목표와 우선 과제, 상세 목표에 대해 파악하고 있는가? 나아가 이러한 영업 활동을 어떻게 관리하고 있는가?
- 지금의 조직으로 시대의 변화에 대응할 수 있는가?

- 인사 시스템은 영업 사원들의 의욕을 자극하고 있는가?
- 최강의 영업 조직을 만들기 위해 교육 연수 시스템은 정비되어 있는가?

이와 같은 질문을 통해 영업 시스템을 직간접적으로 뒷받침해주는 부분을 분석할 수 있어야 한다. 현장에 대한 분석은 상당한 시간과 노력이 필요하지만, 그래도 정기적으로 실행해야 한다. 영업 현장에 대한 정확한 진단, 그것이 시대에 맞는 과학적 영업의 첫 단계다.

강한 동기를 부여하는
목표관리 체계는?

DIPS Double IP(Increasing Productivity of Intellectual People) System 는 한국능률협회컨설팅KMAC과 일본 LCA-J 컨설팅사가 체계화한 영업 생산성 향상 프로그램으로, 일본에서는 13,000여 개 회사가, 한국에서도 2006년 소개 후 많은 회사들이 도입해 실질적인 성과를 거두고 있다. 《세일즈 DIPS》는 그들의 경험과 노하우를 정리한 책으로, 영업 조직들이 목표 달성에 어려움을 겪는 이유를 다음과 같이 정리했다.

- 적당히 설정하는 매출 목표
- 치밀하지 못한 영업 계획
- 필요 데이터의 결여
- 시간 예산에 대한 의식 결여

- 환경 변화에 대한 느린 대응 속도

반면에 지속적으로 성장하는 영업 조직은 다음과 같은 특징을 보인다.

- 선명한 목표 이미지를 만들고 있다
- 영업 활동을 철저하게 과학화한다
- 표준화된 영업 단계를 설계하고 지속적으로 개선한다
- 어려운 과제는 함께 해결한다
- 과정의 계획을 중시하는 매니지먼트를 만들어간다
- 충분한 영업 활동은 시간 활용의 극대화로부터
- 노하우를 전수하는 조직 문화

매출에 대한 숫자 계산도 중요하지만, 어떤 관점에서 목표를 설정하는가, 누가 어떤 목표를 설정하는가가 더 중요하다. 이를 분명히 해야 한다. 회사는 목표 집단이므로 이를 실현하기 위한 방향과 벡터가 반드시 필요하다. 목표는 '기대하는 성과'로, 다음에 대한 명확한 규정을 가지고 있어야 한다.

- 무엇을? : 어떠한 성과 또는 결과를 지향하는가?(성과·결과의 내용)

- 얼마나? : 달성해야 할 수준이나 상태는?(정량적 수준·정성적 상태)
- 언제까지? : 시간 축이 어떠한가?(기한·달성 시기)

여기서 중요한 점은 상호 기대를 명확히 파악하고 그것을 서로 향상시키는 것이다. 관리란 상대에 대한 기대를 설정하는 데서부터 시작된다. 기대는 위로부터 시작된다. 먼저 CEO가 임원에게, 임원이 팀장에게, 팀장이 팀원에게로 기대를 명확히 해나가야 한다.

목표는 기대를 업무 속에서 구체적으로 실현하는 것이다. 사람은 전략만으로 움직이지 않는다. 현실의 자신보다 높은 기대를 가질 때 비로소 동기부여된다. 당신은 영업 사원들에게 기대하는 바를 분명히 전달하고 있는가? 상사로부터 어떤 기대를 받고 있는가?

단계별 목표관리

목표의 종류	계층	목표의 수준	목표의 비중
회사 전체 목표	경영자	미래 목표/ 변혁적 목표	상의하달식/전략적
부문 목표(영업점)	중간관리자	내일의 목표/ 개혁적 목표	
팀 목표(개인 목표)	영업 담당자	오늘의 목표/ 개선 목표	하의상달식 / 전술적

목표와 실적의 차이를 좁히는 툴

회사들은 대부분 전년 대비로, 경제 성장률을 바탕으로, 경영적인 측면의 요구를 고려해 목표를 결정한다. 그리고 각 부문과 영업점에 숫자를 할당하는 식이다. 조직과 자신에게 목표는 어떤 의미인지, 왜 그것을 달성해야 하는지 설명하는 사람도 없다. 상사도 정확히 설명하지 못하는데 과연 일반 사원이 그런 생각을 할 수 있을까? 이처럼 객관성이 부족한 주먹구구식의 목표 설정은 제 기능을 발휘하지 못한다. 목표, 계획, 실적 사이의 괴리가 크기 때문이다.

목표 설정의 전제를 명확히 하기 위해서는 영업 전략, 영업 계획 시스템을 설계하고 거기에 연계시키는 형태로 목표관리 제도를 도입해야 한다. 지금까지 수치를 기준으로 회사의 목표를 잡고 각 사업 부문과 영업점에 예산을 할당했다면, 이제부터는 영업 전략을 기준으로 목표관리 체계를 재구축해야 한다. 나아가 방문 예약률, 방문률, 계약률 등 수주 확률을 바탕으로 목표를 달성하기 위해서는 매달 방문 예약과 방문 건수, 제안 건수가 얼마나 필요한가 하는 행동 목표를 구체화해야 한다. 이렇게 구체적으로 나누지 않으면 목표를 제대로 달성할 수 없다.

바로 이러한 문제를 해결하기 위해 회사들이 SFASales Force Automation, 영업 자동화의 도입을 고려하게 되었다. 영업 자동화를 통해 영업 파이프라인sales pipeline이 효과적으로 구축되면 다음과 같은 변화를 가져올 수 있다.

첫째, 영업 프로세스의 표준화다. 영업은 개인의 역량에 의존하는 경우가 많은데, 프로세스 기반으로 전체 영업을 운영하면 개별적 활동이 표준화되고 영업 기회의 현황과 이슈가 쉽게 눈에 들어온다.

둘째, 영업팀을 계획과 실행 기반의 업무 체계로 바꿔준다. 영업 사원들이 계획에 맞추어 영업 활동을 전개하게 된다. 또한 판매 목표를 위해 가격을 인하하는 행위 등을 줄임으로써 수익성 관리에도 긍정적인 영향력을 준다.

셋째, 고객과 시장 변화에 민첩하게 대응할 수 있다. 고객의 상황과 니즈를 더욱 디테일하게 파악하게 하고, 데이터와 사실을 기초로 고객과 영업 활동을 하게 한다. 또 조직이 한정된 자원과 시간 속에서 어디에 더 집중해야 하는지를 판단하게 함으로써 조직의 중심을 잡아준다.

넷째, 회사의 미래 예측 능력을 높여준다. 즉 판매 예측 기반으로 일을 하도록 조직을 변화시킨다. 어느 팀의 영업 기회가 더 많은지, 시장의 반응은 어떠한지, 어느 정도의 매출이 가능한지를 예측할 수 있다.

다섯째, 회사를 실시간 경영 체제로 전환시킨다. 영업 사원이 정보를 업데이트하는 순간 전사에 공유되고, 고객의 요구 사항, 경쟁 상황 및 수주 성공률 등에 대한 즉각적인 관리로 영업 사원과 영업 관리자, 경영자가 실시간 경영을 할 수 있다.

여섯째, 영업의 생산성 향상에 기여한다. 영업 기회의 파악이 왜 중요한지, 고객관계 관리를 왜 해야 하는지, 진행 중인 영업 기회를 왜 파악해야 하는지, 진행 중인 영업 기회의 수익성이 어떻게 되는지 지속적으로 질문하고 확인하게 됨으로써 조직의 생산성을 끌어올릴 수 있다.

목표관리의 핵심은 영업 활동의 전 과정을 한눈에 볼 수 있게 가시화함으로써 효율성을 높이는 것이다. 우리가 영업 파이프라인에 주목해야 하는 이유다.

탁월한 영업 조직은 목표관리 시스템으로 움직인다

영업 관리자의 업무는 크게 목표를 설정하는 것, 매출을 예측하는 것, 영업 사원들이 자신의 역량을 최대한 발휘할 수 있도록 지원하는 것 등으로 나눌 수 있다. 물론 이 외에도 많은 일을 해야 하고 영업의 상황에 따라 업무의 중요도가 달라지지만 이들 3가지가 가장 중요하다고 할 수 있다.

미국의 세일즈 컨설팅회사인 SPI가 134개의 글로벌 회사에 근무하는 영업 관리자들을 대상으로 자신이 겪고 있는 문제의 원인이 어디에 있느냐를 묻는 설문조사를 실시한 적이 있다. 이 조사는 복수응답이 허용되었는데, 응답자들이 문제를 일으키는 가장 큰 원인으로 꼽은 것이 매출액의 부정확한 예측(54%)이었고, 매출 부진(49%)과 부적절한 관리 방식(34%)이 그 뒤를 이었다. 매출 부진보다 부정확한 예측이 더 큰 문제라는 지적은 다소 의외의 결과지만, 갈수록 복잡해지는 시장 상황에서 예측 능력의 중요성이 그만큼 커지고 있다는 사실을 알 수 있다.

하지만 매출액을 예측하는 것은 결코 쉽지 않은 일이다. 유능한 영업 관리자도, 뛰어난 경영자도 이 때문에 곤란을 겪는다. 매출액을 좌우하는 변수가 너무도 많기 때문이다. 고객의 예산 감축, 새로운 경쟁자의 등장, 시장 규모의 변화, 고객의 욕구 변화, 원료나 반제품의 공급 부족 등 다양한 변수들이 곳곳에 포진해 있다.

역설적이지만 상황이 이럴수록 매출을 예측하는 능력이 더욱 빛을 발하게 된다. 따라서 영업 관리자는 목표를 설정하고, 매출을 예측하고, 영업 사원들을 지도하는 등의 주요한 업무에 대한 효율성과 효과성을 제고할 수 있는 영업 시스템을 운영해야 한다. 이를 위해 필요한 것이 분석과 지도 부분이다.

일반적으로 영업 시스템은 전체 영업 기회의 분석에서 시작되는데, 분석 결과에 다음과 같은 내용이 포함되어야 한다.

- 전체 영업 기회에서 추정한 분기·연간 매출액 규모
- 영업 기회별 흐름을 막는 장애 요인
- 영업 프로세스별 병목 부분(미진한 부분)
- 즉시 조치가 필요한 타 부문의 지원
- 매출액 추정치의 정확성 여부

영업의 미래

영업 관리자는 각각의 영업 기회가 어느 단계까지 진척되었는지를 분석해봄으로써 미래의 매출액을 추정할 수 있다. 그리고 영업이 진척되지 못하면 그 이유가 무엇인지를 다양한 측면에서 분석하고 그 원인을 찾아내려고 노력하는 자세를 가져야 한다.

분석 부분이 영업 관리자가 팀의 기회에 대해 총괄적으로 접근하는 것이라면, 지도 부분은 개별적으로 접근하는 것이라고 할 수 있다. 지도에서 가장 중요한 원칙은 일관성을 유지하는 것이다. 일관성이 없으면 혼란이 가중되고 실행이 안 되어 지도의 효과를 기대하기 어렵다. 이처럼 중요한 일관성을 유지하려면 어떤 형태로든 영업 관리 시스템을 활용해야 한다. 시스템에 대한 전문가가 되어야 하고, 자신이 알고 있는 효과적인 영업 방식을 영업 사원들에게 전수해줄 수 있어야 한다.

영업 관리자가 사원들을 지도할 때는 최대한 객관적인 정보를 바탕으로 접근해야 한다. 영업 기회들이 영업 프로세스상에서 단계별로 어떻게 진행되고 있는지, 사원들이 겪고 있는 문제점은 무엇인지 객관적으로 파악할 수 있는 도구로는 일반적으로 많이 사용하는 현황표 외에 파이프라인이 있다. 이를 통해 영업 기회의 움직이는 속도, 승률 등의 정보를 파악하여 지도한다.

영업 사원의 실적에 영업 관리자가 미치는 영향은 생각보다 훨씬 크다. 우리가 현장에서 컨설팅을 수행하면서 관찰해온 바에 의하면, 탁월한 실적을 내는 영업 조직에는 자신만의 시스템을 통해 영업 기회와 사원들을 관리하는 탁월한 관리자top manager 들이 있었다. 그들에게는 공통점이 있다. 각종 관리 툴tool을 능숙하게 다룰 줄 알고, 세심한 관찰과 분석을 통해 영업 사원들의 강점과 보완점을 포착하는 데 뛰어나다. 그리고 주기적인 피드백으로 동기를 부여할 줄 안다. 한마디로 목표관리 시스템의 핵심을 이해하고 실천하는 사람이다.

깨달음이 일어나게 하라

영업 사원들은 주기적으로 목표 달성을 위한 계획을 세운다. 그러나 스스로가 세운 목표를 100%, 200% 달성하는 사람은 많지 않다. 그 이유는 자신이 설정한 목표 자체에 근거가 없기 때문이다. 적당히 설정하는 매출 목표는 현실감이 떨어질 수밖에 없다.

회사들의 경우 전사의 매출 목표가 전년 대비 10% 성장 또는 5% 성장으로 정해지면 각 부서의 매출 목표 역시 이를 기준으로 책정되어버린다. 시장 상황과 자사 제품 상황을 고려한 매출 목표가 설정되어야 하는데, 그렇지 못한 경우가 대부분이다. 그래서 사업 계획 수립 시 매출 목표를 가지고 각 부서장들 간에 말다툼이 발생하는 경우가 빈번히 발생하며, 실제로 영업 부서장의 담당 지역을 맞바꾸는 경우가 발생하기도 한다.

적당히 설정한 목표 아래 이루어지는 영업 활동은 역시나 '적당한' 수준에 머물게 된다. 당연한 일이다. 적당히 설정한 목표 아래서는 적당히 하려는 행동이 나올 수밖에 없다. 그 결과 영업 사원의 능력 향상이 지지부진하여 총체적인 딜레마에 빠지게 된다. 목표를 달성하지 못한 경우에도 별로 달라지는 것이 없다. 그 원인의 대부분은 목표와 행동 계획이 아니라 계획되지 않은 외부 요인 탓으로 치부하기 때문이다.

영업 사원이 능력을 향상시킬 수 있으려면 매일의 영업 활동 속에서 다양한 깨달음을 얻을 수 있어야 한다. 그런 깨달음이 없다면 아무리 시간이 지나도 능력은 향상되지 않는다. 그렇기 때문에 영업 사원은 모든 요인을 검토해서 가능한 한 정확한 목표를 세운 후에 영업 활동에 뛰어들어야 한다. 그렇게 함으로써 불충분한 예측과 강화해야 할 영업 스킬이 눈에 들어오게 되는 것이다. 거기서 깨달음이 일어난다. 정확한 매출 목표를 세우려고 할 때 고객이나 시장 상황에 대한 정확한 정보가 있어야 함을 알게 된다. 그리고 영업 활동의 효과에 대해서도 견고한 통찰력을 가질 필요가 있다는 사실도 깨닫게 된다. 나아가 근거 있는 매출 목표를 가지고 영업 활동을 해나갈 때 목표의 달성 여부와 관계없이 정확한 원인을 파악하여 문제점 개선과 능력 향상을 적극적으로 꾀하게 된다.

매출 목표는 매출 예측과 다르다. 매출 예측이 시장의 소비 동향과 기호, 소매점의 전년 대비 매출 증감 현황, 주변의 경쟁 동향 등에 대한 정보 입수와 분석으로 이루어지는 데 비해, 매출 목표는 이러한 매출 예측에 다양한 세일즈 노력을 펼친 결과로 도달 가능하다고 판단되는 수치를 정하는 것이다. 따라서 정확한 매출 목표를 설정하기 위해서는 다양한 정보를 입수하고, 그 정보에 따라서 강구해야 할 효과적인 방법을 생각하는 동시에, 그 방법의 효과성을 예측해야만 한다.

과학적
성과 관리

　　성과 관리는 영업 사원의 성과를 평가하고, 이를 바탕으로 지속적인 피드백과 지원을 제공하는 것으로, 이를 제도화하거나 시스템화하는 일련의 과정까지 포함하는 개념이다. 모든 과정은 반복되는 순환 구조를 이루며, 기업은 이러한 순환 구조를 통해 성과 관리 전 과정에 대한 노하우를 축적하고 학습 분위기를 조성함으로써 영업 사원의 생산성과 경쟁력을 강화해나갈 수 있다. 다시 말해서 성과 관리는 단순히 과거의 성과에 대한 평가를 통해 영업 사원에 대한 보상을 실시한다는 의미를 넘어 성과 향상의 요인과 더불어 문제점을 분석하여 적극적인 변화 관리를 도모해나가는 지속적인 통제 시스템이라고 할 수 있다.

성과 관리는 보상의 수단이자 활동의 가이드라인

영업에서 성과 관리의 중요성이 부각되는 이유는 영업 사원의 업무 자체가 다른 업무에 비해 상대적으로 독립적으로 이루어지고 근무환경의 변화가 심하기 때문이다. 일반 사무직의 경우에는 거의 매일 접하는 상사나 동료에 의한 피드백이 수시로 이루어지기 때문에 업무상 오류나 비효율적인 활동을 바로잡을 수 있는 기회가 많지만, 관리자와의 접촉이 적고 현장에서 자신의 능력과 판단 중심으로 업무를 수행해야 하는 영업직은 그렇지 못한 것이 현실이다. 따라서 영업 사원의 입장에서는 방향을 제시해주는 가이드라인이 절실하게 필요하고, 영업 관리자의 입장에서도 영업 활동이 회사의 목표에 부합할 수 있도록 방향을 잡아줄 필요성이 있다. 성과 관리가 바로 이러한 필요성을 충족시켜준다.

영업 관리자는 객관적이고 합리적인 성과 평가를 통해 인정, 인센티브, 승진 등과 같은 동기부여와 보상의 수단을 효과적으로 활용할 수 있다. 또한 성과에 대한 원인 분석을 통해 부진한 실적을 보이는 영업 사원에 대한 교육훈련이나 코칭의 방향을 설정할 수 있으며, 우수한 실적의 영업 사원에 대해서는 활동 내용을 전사적으로 전파하여 영업 조직 전체의 생산성 향상을 유도할 수 있다.

영업 사원은 자신의 성과에 대한 피드백을 통해 회사가 자신에게 원하는 바가 무엇이고, 이를 위해 어떤 활동을 어떻게 전개해야 하는지에 대한 올바른 가이드라인을 제시받을 수 있다. 예를 들어 매출 증대에만 집중하여 높은 판매 실적을 올리는 영업 사원이 있다고 할 때 이를 긍정적으로만 평가할 수 없는 경우도 있다. 즉 회사가 매출 규모보다 순이익을 중시하는 경영을 원한다면 해당 영업 사원의 활동이 문제일 수 있다. 비용에 비해 실익이 적거나 없을 수 있기 때문이다. 또한 회사가 신제품의 성공적 출시를 목표로 잡고 있는데 매출을 위해 기존 제품만 열심히 판매하고 있는 경우도 좋지 않은 결과를 낳을 수 있다. 이러한 경우에 영업 관리자는 성과 분석을 통해 문제의 영업 활동을 수정해줄 필요가 있다.

이와 같이 성과 관리는 평가와 보상의 수단일 뿐만 아니라 영업 관리자의 역할과 사원의 활동 개선에 효과적인 가이드라인이 됨으로써 조직 전체의 생산성을 향상시켜준다는 중요한 의미를 가진다.

성과 관리가 어려운 이유

영업 사원에 대한 성과 관리는 복잡하고 어려운 일에 속한다. 여기에는 여러 가지 원인이 있다.

첫째, 성과 평가가 객관적으로 이루어지기 힘들기 때문이다. 특히 판매 후 고객서비스가 주된 영업 활동인 경우, 팀 영업 위주어서 개별 판매 실적이 모호한 경우, 영업 주기가 매우 길어서 평가가 어려운 경우에는 더욱 그렇다. 설사 판매액이나 순이익 같은 수치가 객관적으로 산출될 수 있는 경우라 하더라도 담당 구역의 잠재력, 경쟁 상황,

지리적 여건 등에 따라 같은 노력에도 실적에 큰 차이를 보일 수 있기 때문에 모두가 수긍할 수 있는 결과가 나오기 어렵다.

둘째, 성과 관리는 항상 논란의 대상이 된다. 결과를 놓고 해석이 분분할 수 있는 데다 이와 결부된 보상과 승진, 해임, 구역 조정 등과 같은 예민한 이슈들이 끝없는 잡음을 일으키곤 한다.

셋째, 성과 관리는 영업 사원에 대한 동기부여라는 분명한 목표를 가지고 있지만, 과연 어느 정도 수준이 적정한지를 판단하기란 결코 쉬운 일이 아니다. 특히 우수한 영업 사원의 경우 기대 이하의 보상 수준에 불만을 품을 가능성이 높다. 반대로 동기부여 수준이 너무 높으면 지레 포기하는 영업 사원들이 늘어난다. 따라서 회사의 현실에 맞추어 다양하고도 반복적인 실행을 통해 적정한 수준을 찾아갈 수밖에 없다.

성과 관리의 5단계

성과 관리는 목표 설정-계획-실행-평가-피드백 및 개선의 5단계로 이루어진다. 목표 설정은 영업의 목표가 되는 변수와 변수에 대한 달성 수준을 정하는 것을 말한다.

목표 변수 결정

목표 변수(성과 지표)를 결정한다는 것은 기업이 영업 활동을 통해 추구하는 대상을 확정하는 것이다. 즉 영업 사원의 성과를 어떤 변수를 기준으로 평가할 것인가를 규정하는 일이다.

목표 변수는 크게 결과 지표와 과정 지표로 나눌 수 있으며, 영업 사원의 능력, 활동, 고객 차원의 결과, 회사 차원의 결과와 같은 4가지 측면에서 도출된다. 이 가운데 영업 사원의 능력과 활동은 과정 지

결과 지표

회사 차원의 결과 지표				영업 사원의 활동
판매	수익	수주	계정	
총판매액 전년 대비 증감액 할당 대비 판매액 판매성장률 시장점유율 주문당 판매액 고객별 판매액 신규 고객 판매액	순이익 총마진 총마진율 공헌마진 투자수익율 제품별 공헌마진 고객별 공헌마진 판매비용 수익률	주문건수 평균주문액 방문 대비 수주율 취소주문율	유효계정수 신규계정수 탈락계정수 연체계정수	고객만족도 순추천지수 고객유지율 고객전환율 고객불만건수

과정 지표

영업 사원의 능력			영업 사원의 활동		
기술	지식	자질	판매 활동	자원 활동	지출
영업 스킬 기획 능력 커뮤니케이션 자료 분석 시간 관리 구역 관리	제품 지식 고객 지식 시장 지식 경쟁제품 지식 회사정책 지식 가격 지식	태도 용모 매너 솔선성 팀정신 창의성 리더십 영향력 융통성 윤리성	1일 방문 고객수 근무일수 방문당 소요시간 제안서 제출건수 전화콜수 판매 활동 시간 비중	판촉 활동 전 시물 설치건수 시연 서비스 제공 방문수 고객사 미팅 건수 고객사 지원 건수 고객 불만건수	총지출 판매액 대비 지출 할당 대비 지 출 방문당 평균 비용 제품별 지출 고객별 지출

표, 고객 차원의 결과와 회사 차원의 결과는 결과 지표라고 할 수 있다. 실제 판매에 미치는 영향에서 과정 지표의 영향은 중장기적인 데 비해 결과 지표의 영향은 단기적인 편이다.

결과 지표 가운데 대표적인 변수라고 할 수 있는 판매액은 이해하기도 쉽고 강력한 판매 동기를 부여하는 기준이지만, 경우에 따라서는 조직에 예기치 않은 부정적인 결과를 가져오게 된다. 예를 들어 단기 판매액만을 평가 기준으로 삼으면 신제품이나 마진율이 높은 제품보다 단기간에 쉽게 판매할 수 있는 제품만 취급하게 되어 신규 고객 확보를 소홀히 하고 기존 고객과의 거래에 치중하는 모습을 보인다. 또 내구 소비재나 산업재와 같이 판매가 빈번하게 이루어지지 않는 업종의 경우에는 판매액 일변도의 목표로 인해 판매 후 고객서비스가 제대로 제공되지 않아 장기적으로 고객관계와 판매에 부정적인 영향을 미칠 수 있다.

목표 변수를 설정할 때 가장 중시할 점은 기업의 전략이 반영되도록 하는 것이다. 영업 사원의 노력이 회사의 발전 방향과 일치되도록 조율하는 것이 가장 중요하다. 예를 들어 신규 고객을 창출해야 하는 기업의 경우에는 고객 수 증가에, 기존 시장을 유지하려는 기업은 고객 유지율, 공헌 마진, 지출 비용 등에 초점을 맞춘다.

계획 수립

계획의 내용은 2가지로 나눌 수 있는데, 판매 목표 등을 달성하기 위한 활동과 영업 사원의 자기계발에 관한 것이다.

목표 변수가 영업 사원의 능력이나 활동 같은 과정 지표인 경우에는 계획 수립이 비교적 용이하지만, 판매액이나 시장점유율과 같이 결과 지표인 경우에는 보다 복잡한 과정을 거치게 된다. 왜냐하면 결과 지표의 계획은 과정 지표를 중심으로 세워지기 때문이다. 결과 지표와 과정 지표 간의 인과관계를 먼저 파악해야 하는 것이다. 예를 들어 신규 거래처 확보가 목표인 화장품회사라면 이를 달성하기 위한 과정 지표(잠재 고객 리스트, 고객 선별, 제안 가치의 개발, 방문 등)와 목표 변수의 관계 강도를 파악하고 이를 기반으로 과정 지표 달성을 위한 구체적인 계획을 세우게 된다.

실행

실행은 영업 사원이 필드에서 행하는 모든 활동뿐 아니라 이를 원활하게 하기 위한 준비 등을 말한다. 잠재 고객 확보, 고객 선별, 니즈 파악, 프레젠테이션, 판매 종결, 사후 서비스 등이 포함된다. 또한 개별 능력을 향상시키기 위한 교육훈련이나 팀 영업을 위한 타 부서와의 조율도 매우 중요한 실행에 속한다.

평가

평가는 한마디로 목표 대비 실적의 달성도를 보는 것이다. 목표 설정 과정에서 목표 변수의 수준이 정해지기 때문에 평가는 이에 따라 거의 기계적으로 이루어진다. 구체적인 평가 방법은 5장(최고의 조직은 평가를 성장의 기회로 만든다)에서 자세히 살펴볼 것이다.

피드백과 개선

피드백은 영업 관리자가 주도하며, 대상은 개별 사원뿐 아니라 팀과 지점 등 조직도 포함한다. 또한 영업 관리자는 드러난 문제점들을 해결하기 위한 제도, 회사 구조를 개선하거나 생산성 향상을 도모할 수 있는 시스템을 도입하는 데서도 주도적인 역할을 수행한다.

피드백은 대개 평가와 함께 이루어진다. 1년에 한 번 하는 연차 성과 평가와 분기별 또는 반기별로 이루어지는 정기 성과 평가, 필요에 따라 그때그때 실시하는 수시 성과 평가 결과에 따라 피드백을 제공하게 된다. 정기 평가는 보상과 직결되므로 피드백도 공식적인 형태를 띠지만, 수시 평가는 일상적인 활동에 대한 내용을 다루므로 피드백도 대화, 전화, 이메일 등을 활용한 비공식적인 형태로 실시한다.

영업의 미래

영업 스킬의
과학화

　얼마 전 와인숍에 갔다. 판매원은 인사를 마치자마자 그날의 추천 제품인 특정 모델 하나만 붙잡고 이런저런 설명을 늘어놓았다. 우리가 왜 그 상점에 왔으며 어떤 와인을 원하는지 물어보지도 않고 말이다. 고객의 기본적인 니즈를 찾아내겠다는 게 아니라 아예 처음부터 특정 제품을 팔겠다고 작정한 사람 같았다. 우리는 짜증이 나서 잠시 후 숍에서 나오고 말았다.

　2005년 6월 미국의 영업 및 교육 컨설팅회사인 포럼Forum이 영업담당자 73명과 고객 138명을 대상으로 온라인 설문조사를 실시했다. 조사를 실시한 목적은 구매 프로세스에 대해 파악하고, 구매 가능성을 증가 또는 감소시키는 요인이 무엇인지를 알아보기 위함이었다. 그 결과(그림 참조) 영업 프로세스에만 초점을 맞추기보다 고객의 입장

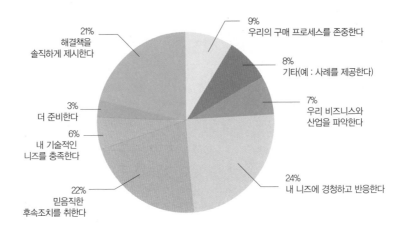

영업 사원의 역할

9%
우리의 구매 프로세스를 존중한다

8%
기타(예 : 사례를 제공한다)

7%
우리 비즈니스와
산업을 파악한다

24%
내 니즈에 경청하고 반응한다

22%
믿음직한
후속조치를 취한다

6%
내 기술적인
니즈를 충족한다

3%
더 준비한다

21%
해결책을
솔직하게 제시한다

에서 생각하면 영업 사원이 고객의 구매 결정을 보다 잘 예측하고 영향을 미치는 데 도움이 된다는 사실을 알 수 있었다.

영업 스킬은 거래를 성사시키는 것이 아니라 사실을 취합하는 것이다. 그래야 고객의 니즈와 당신의 제품 또는 서비스를 이어주는 다리를 놓을 수 있게 된다. 당장의 거래 성사만을 위한 스킬은 고객에게 반감을 일으키고, 관계도 금방 깨지는 결과를 낳는다. 따라서 영업 사원은 제품으로 솔루션을 제시하기에 앞서 고객에 대해, 그리고 고객의 비즈니스와 전략적 목표에 대해 먼저 알아야 한다. 고객이 그리는 큰 그림을 제대로 파악하는 데 중점을 두어야 고객이 진정으로 원하는 니즈에 걸맞은 결과를 만들 수 있다. 인내를 가지고 대화를 나누는 것이 중요하다.

고객들 중에는 자신의 니즈와 이슈를 말하고 싶어 하지 않는 경우도 있다. 그러므로 대답을 끌어내고 신뢰를 쌓을 수 있는 질문을 할줄 알아야 한다. 경우에 따라서는 제품이나 서비스가 고객의 구체적 니즈를 어떻게 해결할 수 있는지에 대해 의견을 나누는 것도 좋다.

고객은 원하는 것이 무엇인지 대놓고 물어보는 것은 좋아하지 않는다. 그러니 당신과 고객 양쪽이 인정하는 니즈를 형성하는 질문을 하라. 예를 들어 "지금 사용하는 시스템은 어떻습니까?", "시스템의 신뢰성은 어느 정도입니까?", "어떤 불편한 점이 있었습니까?"와 같은 질문으로 고객 스스로 니즈를 말하도록 유도하는 것이 중요하다. 필요하다면 니즈를 탐색할 수 있도록 허락을 구한 다음, 당신이 그런 정보를 왜 알아야 하는지를 고객에게 설명한다. 질문 세례를 퍼부어 고객을 심문하는 것은 절대 금지다. 사생활을 파고들거나 지나치게 앞서나가는 질문도 해서는 안 된다.

니즈의 3가지 유형

B2B 영업에서 고객사의 니즈는 제품 니즈, 업무 니즈, 경영 니즈의 3단계로 구분될 수 있다. 제품 니즈는 구체적인 사양을 가지고 있는 제품을 공급받고자 하는 니즈를 의미하고, 업무 니즈는 공급받은 제품을 활용하여 수행하고자 하는 업무에 대한 니즈를 의미하며, 경영 니즈는 업무를 통해 달성하고자 하는 매출, 수익, 점유율 등과 관

련된 경영상의 니즈를 말한다. 제품 니즈는 표면적이고 구체적인 니즈라 할 수 있고, 업무 니즈와 경영 니즈로 갈수록 점점 더 포괄적이고 심층적인 니즈가 된다. 이 3가지 유형의 니즈는 제품 니즈에서 업무 니즈, 업무 니즈에서 경영 니즈로 이어지는 계층 구조를 형성하고 있다. 앞의 니즈는 뒤의 니즈를 충족시키기 위한 수단이 되고, 역으로 뒤의 니즈는 앞의 니즈의 목적이 된다.

가구 생산업체의 경우 제품 니즈는 원목의 특정한 재질, 크기, 디자인 등에 의한 니즈를 의미한다. 이러한 제품 니즈를 통해서 달성하고자 하는 업무 니즈는 특정한 사양의 원목을 사용함으로써 제작 기간을 단축시키는 것이 될 수 있고, 이러한 업무 니즈를 통해 달성하고자 하는 경영 니즈는 총비용에서 차지하는 비중이 높은 인건비의 절감을 통해 수익성을 향상시키는 것이 될 수 있다.

이러한 3가지 유형의 니즈 간의 관계는 최종 소비자가 제품이나 서비스에 소구하는 속성, 혜택, 가치의 관계와 유사하다. 예를 들어 어느 소비자가 자동차를 구입할 때 ABS anti-lock braking system, 브레이크 잠김 방지 장치 기능속성을 선호하는 것은 사고율을 최소화할 수 있다는 혜택이 있기 때문이고, 이러한 혜택은 소비자에게 '안전'이라는 가치를 제공해준다.

이와 같이 제품 니즈, 업무 니즈, 경영 니즈는 서로 수단과 목적의 관계에 있기 때문에 적절한 질문을 통해 하위 수준의 니즈를 파악할 수 있다. 하위 수준의 니즈를 파악하기 위해서는 '왜?'라는 질문이 적절하다. 예를 들어 가구 생산업체가 원목 재료로 특정한 재질, 크기, 디자인의 자재를 주문했다고 하면 "왜 특정한 자재를 주문했는가?"라는 질문을 통해 상위의 니즈인 업무 니즈가 제작 기간의 단축이라는 것을 알아낼 수 있고, "제작 기간의 단축이 왜 중요한가?"라는 질문을 통해 총제작비에서 인건비가 차지하는 비중이 높기 때문에 제작 기간의 단축이 인건비 절감을 통한 수익성 향상이라는 경영 니즈를 충족시키려 한다는 사실을 파악할 수 있다.

반대로 상위 수준의 니즈에서 하위 수준의 니즈를 파악하기 위해서는 '어떻게?'라는 질문이 적합하다. 경영 니즈인 수익성 향상을 위해 어떠한 업무 개선이 이루어져야 하는가를 파악함으로써 업무 니즈를 도출할 수 있고, 제작 기간의 단축을 어떻게 달성할 수 있을 것인가를 파악함으로써 어떠한 제품 니즈를 가지고 있는지를 파악할 수 있다.

단순한 제품 니즈가 아니라 업무 니즈나 경영 니즈를 기반으로 영업 활동을 전개하면 고객의 만족도를 높여 가격 경쟁도 피할 수 있고, 고객과의 장기적인 관계도 구축해나갈 수 있다. 고객들은 자신이 말한 제품 니즈 이상의 것에 대해서 대응할 능력이 없다고 판단되는 공급업체를 싫어한다. 고객들은 내심 제품 니즈밖에 말하지 않았지만 자신의 입장을 잘 이해하고 자신이 말한 것 이상을 실현시켜줄 수 있는 공급업체를 원한다. 즉 자신이 진정으로 원하는 것을 명확하게 말로는 표현하기가 어렵기 때문에 공급업체가 이러한 점까지 헤아려서 대응해주기를 원하는 것이다. 실제로 고객들은 "공급업체들은 우리의 비즈니스 모델과 업무 목표를 이해했으면 당연히 자신들이 할 수 있는 일들을 능동적으로 제안해주어야 하는데, 그렇게 할 수 있는 회사도 거의 없고 또한 시도하려고도 하지 않는다"는 불만을 가지고 있다. 따라서 상위 니즈에 대한 파악을 통해 능동적으로 해결할 수 있는 구체적인 방안을 제시하는 공급업체가 영업 성공의 확률도 높일 수 있고, 고객과의 공고한 관계 구축의 기회도 잡을 수 있다.

니즈 파악은 '양쪽이, 명확하게, 온전하게'

고객의 니즈를 찾아내는 가장 좋은 방법은 효과적인 상담을 하는 것이다. 상담을 할 때는 '양쪽이, 명확하게, 온전하게' 이해하는 데 도움이 되는 질문을 하는 것이 중요하다. '양쪽이' 이해한다는 것은 당신과 고객 모두가 고객의 니즈에 대해 동일하게 파악한다는 것을 의미한다. '명확한' 이해란 고객의 니즈와 그 중요성을 정확히 알고 있다는 뜻이다. '온전한' 이해란 고객의 니즈를 모두 알고 있을 뿐만 아니라 중요성의 순위가 어떻게 되는지도 알고 있다는 뜻이다.

영업 사원이 올바른 질문을 하면 대화 방향을 고객의 우선 사항과 흥미에 집중하도록 이끌거나, 현재의 제품, 서비스, 또는 공급업체에 대한 고객의 만족 수준을 설정하거나, 고객 자신도 미처 알아차리지 못했던 니즈를 확인하도록 도울 수 있다. 또한 영업 사원이 자신의 말에 귀를 기울이고 거의 즉각적으로 니즈를 파악해내기를 바라는 고객의 기대에 부응할 수 있다.

니즈를 파악하고 나면 당신은 고객에게 중요한 자원이 될 수 있다. 즉 독점적 솔루션을 제시할 수 있는 협력자가 되는 것이다.

니즈 탐색을 위한 올바른 질문법

탁월한 영업 사원은 코치의 태도로 고객의 니즈를 온전히 파악해 낸다. 효과적인 탐색을 통해 고객을 대화로 끌어들이고 열린 대화를 촉진한다. 훌륭한 탐색 질문과 올바른 부가 질문, 고객이 사생활에 대한 침해나 공격적이라는 느낌을 받지 않고 대답할 수 있는 질문을 던질 줄 안다.

탁월한 영업 사원들의 질문에는 특별한 패턴이 있다. 먼저 사실과 배경에 관한 데이터를 수집하기 위한 탐색 질문을 던진다. 예를 들어 "장비를 구입하신 지 얼마나 되셨습니까?", "기업의 비전에 대해 말씀해주시겠습니까?"와 같이 질문한다. 하지만 이런 질문을 너무 많이 하면 고객을 지루하고 짜증나게 할 수 있으므로 적절히 사용해야 한다. 고객의 상황을 파악하고 나면 부가 질문을 던진다. "작동하는 데 어려움이 있습니까?", "시스템의 노후화로 걱정하고 계십니까?"와 같이 자사 제품으로 해결 가능한 문제나 불만을 확인한다.

영업에서 일반적으로 사용하는 질문에는 2가지가 있다. 개방형 질문과 폐쇄형 질문이다.

개방형 질문은 영업 사원에게 필요한 정보를 끌어내기 위한 것으로 "어떻게요?", "왜 그렇습니까?", "좀 더 자세히 말씀해주시겠습니까?"와 같이 자유로운 대답을 끌어내는 표현이다. 폐쇄형 질문은 영업 사원의 이해와 결론을 확인하기 위한 것으로 "~하십니까?", "~는 어떠십니까?", "얼마나 많이~", "~는 사실입니까?"와 같이 대답이 제한되는 표현이다. 이 2가지 질문을 병행하면 전략 및 비즈니스 목표, 문화와 관리 과정, 난제와 기회와 같은 고객의 회사에 대한 정보를 알아낼 수 있다.

하지만 주의할 점이 있다. 개방형 질문만 사용하면 대화가 집중력이나 방향을 잃을 수 있고, 폐쇄형 질문만 사용하면 마치 고객을 심문하는 듯한 느낌을 줄 수 있으므로 조심해야 한다.

이와 같은 점에 주의하여 효과적으로 상담하면 다음과 같은 정보를 얻을 수 있다.

- 가치 있는 배경 정보 : 이 회사는 무엇을 만들거나 파는가? 이 회사가 마케팅하는 고객층은 누구인가? 이 회사의 주된 경쟁업체는 어디인가?
- 고객에게 니즈가 필요한 이유 : 고객이 당신과 만나게 된 배경은 무엇인가? 고객은 무엇을 성취하거나 개선하기를 원하는가? 고객의 비즈니스 목표는 무엇인가?
- 고객의 고객은 누구인가 : 고객이 만족시켜야 하는 내부 고객은

영업의 미래

누구인가? 그 사람은 고객의 회사 조직에서 어떤 역할을 하는 가? 그 '배후'의 사람들의 니즈는 무엇인가?

- 니즈 뒤에 숨은 니즈 : 고객이 표현한 니즈가 기반을 두고 있는, 더 크거나 더 기본적인 니즈는 무엇인가? 표현된 니즈 이면의 전략적 니즈는 무엇인가?

- 니즈의 변화 : 고객의 비즈니스가 최근 몇 년간 어떻게 바뀌었 는가? 고객이 활동하게 될 새로운 시장은 무엇인가? 고객이 직 면하고 있는 새로운 경쟁업체는 어디인가?

영업을 진전시키는 '이해 확인'

고객의 니즈와 상황은 자주 바뀐다. 영업 사원은 끊임없이 이를 파악해야 한다. 고객의 상황과 니즈가 언제나 같을 것이라고 가정해 서는 안 된다.

상담을 하는 동안 취합한 정보를 명확히 밝혀서 당신이 그 정보 를 이해하고 있다는 사실을 드러내야 한다. 고객의 니즈와 목표를 파 악했다는 것을 확인시켜야 한다. 당신이 이해했다는 사실을 다른 말 로 바꾸어 표현하는 것으로 시작해보라. "제일 중요하게 생각하시는 게 비용 절감이라는 말씀이시군요", "리더들의 커뮤니케이션 스킬 향 상이 필요하다는 말씀이시군요"와 같이 말이다. 이처럼 이해했다는 사실을 확인시키면 당신과 고객은 상호 이해에 도달하게 된다. 그러면 판매 과정을 진전시킬 수 있다. 그리고 설령 고객이 니즈를 표현하지 않았다 하더라도 고객이 실제로 니즈를 가지고 있는 것을 (단순한 추정이 아니라) 확신할 수 있다.

명심해야 할 점은 고객은 강요하려 들거나 참견이 많은 영업 사원을 좋아하지 않는다는 것이다. 그러니 질문은 조심스럽게 진행하고 고객이 질문을 불편하게 느끼는지 잘 살펴야 한다. 빙 둘러 대답하거나, 질문에 질문으로 답하거나, 침묵으로 대응한다면 고객이 당신의 질문 공세가 지나치다고 생각하고 있다는 증거다.

고객과의 대화는 친숙한 어휘를 사용할 때 가장 생산성이 높다. 전문 용어나 복잡한 어휘, 까다로운 비즈니스 개념으로 고객에게 강한 인상을 주려 하다가는 고객이 방어적인 태도를 취하거나 겁을 먹어 역효과를 부를 수 있다. 친숙하면서도 명확하고 단순한 어휘를 사용하는 것이 좋다.

과학적
채용 관리

　　많은 회사들이 직원을 뽑을 때 복잡한 프로세스를 거치는 이유는 전문성과 자질, 성품, 그 밖의 종합적인 성장 가능성들을 통해 우수한 인재를 확보하기 위한 것이다. 영업 또한 채용이 성패의 관건이라 할 만큼 중요하다. 결코 쉽지 않은 영업 분야의 사원을 관리자의 직관에 의해 아무렇게나 선발한다면 그것은 사업을 반쯤 포기하는 것과 다름 없는 위험한 일이라 할 수 있다. 그럼에도 불구하고 많은 영업 관리자 들이 이 부분을 쉽게 생각하거나 아예 아이디어를 가지고 있지 않다. 좋은 재료가 있어야 요리가 제 맛을 낼 수 있듯이, 탁월한 성과를 내 려면 탁월한 인재가 반드시 필요하다.

채용에 실패하는 이유가 있다

'나에게는 왜 탁월한 영업 사원이 없을까?'

영업 관리자라면 누구나 한번쯤은 던져보았을 법한 질문이다. 현실적으로 꾸준히 높은 성과를 낼 수 있는 탁월한 영업 사원을 채용하고 팀을 구성하는 일은 결코 쉽지 않다. 그렇다면 어떤 사람이 영업에 적임자인지 알아보기 전에, 왜 적임자를 채용하지 못하는지에 대해 알아보자.

첫째, 무엇을 봐야 하는지 모른다. 관리자들은 영업 사원 시절 성과가 좋아 관리자가 된 경우가 많다. 그런데 관리자가 되어서도 조직 행동이나 리더십에 관해 연구하거나 전문 교육을 받아본 경험이 별로 없다. 그러다 보니 무엇을 기준으로 삼아야 하는지 잘 모르고 채용하게 된다. 실제로 어떤 영업 사원이 실적이 뛰어나고 어떤 영업 사원이 실적이 좋지 못한지에 대해 정확히 모르는 영업 관리자들이 적지 않다. 영업 성과에 대한 명확한 그림이 없기 때문이다. '인재의 발굴'이라는 문제가 얼마나 깊이 개인의 내면과 연관되어 있는지 모를 경우에는 직감에 의해서 결정을 내리게 된다. 보통은 영업 사원 후보자의 이력서와 성격, 즉 인터뷰할 때 하는 말과 행동으로 결정하거나 성격 테스트를 진행하기도 한다. 이는 단순히 직감에 의해 결정하는 것보다 낫긴 하지만 여전히 후보자의 업무 능력에 관한 완전한 그림을 보기는 어렵다. 사람은 매우 복잡하다. 각종의 채용 절차나 도구들이 도움을 줄 수는 있어도 최고의 실적을 올리는 영업 사원을 발굴해주지는 못한다.

둘째, 외관만 보고 평가한다. 역량 평가에 대한 아무런 툴도 없이 외관만 보고 평가하는 것은 정확성이 떨어질 수밖에 없다. 영업 관리자는 영업 사원이 갖고 있는 자질과 성과를 이루는 요소들 사이의 상관관계를 만들어내고 그 연관성을 발견해낼 줄 알아야 한다. 또한 자신의 경험을 토대로 영업 사원들에게 무엇을 전달하고 훈련하며 어떤 방법으로 그들의 역량을 평가하고 개발해서 성공시킬 수 있을지에 대한 아이디어가 분명해야 한다. 명확한 평가 기준에 의해 관찰하고 그 결과를 피드백을 통해 지속적으로 개발하고 개선할 때 좋은 결과를 얻을 수 있다. 결국 관리자가 무엇을 평가하고 개발해야 할지 명확하게 알지 못한다면 실적 저조, 의욕 부진, 높은 이직률과 같은 문제들에 직면하게 된다.

셋째, 절박할 때 채용한다. 예측하지 못한 상황 때문에 영업 사원이 필요하게 되었다. 그러면 관리자는 절박한 심정으로 최대한 빠른 시간 내에 누군가를 채용해서 누수를 막으려 한다. 이런 경우에 구인 광고를 보거나 막연히 뭔가 해볼까 생각하는 사람들과 만나게 될 가능성이 높다. 그 속에서 최고의 성과를 낼 수 있는 자질을 가진 사람을 찾아낼 가능성은 아주 희박하다. 성급한 채용은 좋지 않은 결과를 가져온다. 막연한 기대감으로 사람을 채용하게 되면 많은 대가를 지불하게 된다.

넷째, 개인 취향에 맞춰 채용한다. 사실 어느 한 면에 치우치지 않고 공정성을 유지한다는 것은 말처럼 쉬운 일이 아니다. 객관적이어야 한다고 마음먹기는 쉽지만 실제로 객관적이기는 참으로 어렵다. 사람을 판단할 때 쉽게 환경의 영향을 받기 때문이다. 하지만 개인적 취향에 의해 채용하는 일이 없도록 해야 한다. 관리자가 자신의 기대와 감정에 근거하여 객관성 없이 결정을 내리면 얼마 안 가 그 영업 사원을 내보내지 못해 고민에 빠질 수도 있다.

다섯째, 채용 절차가 없거나 허술하다. 대부분의 관리자들은 정상적인 채용 절차를 거쳐 채용했다고 말하겠지만, 그렇지 않은 경우가 허다하다. 채용 절차가 제대로 정립되어 있지 않으면 그렇고 그런 사람들만 뽑게 되어 있다. 조직이 위태로워지는 지름길이다. 그럼에도 불구하고 많은 회사들이 이러한 문제에 대한 인식 없이, 검증되지 않은 허술한 채용 절차에 따라 영업 사원들을 채용하고 있다. 결과는 뻔하다.

여섯째, 동기부여가 되어 있지 않은 사람을 뽑는다. 그런 사람이 탁월한 영업 사원이 될 리 만무하다. 동기부여는 본질적으로 누가 해주는 것이라기보다는 스스로 하는 것이다. 무엇을 해준다고 해서 되는 일이 아니다. 성과급 같은 것으로 잠시 동안은 동기부여할 수 있을지 모르지만, 결국 기대에 맞게 실적을 올릴 수 있을지를 결정하는 것은 개인의 자질이다. 사람에 따라 동기부여가 되지 않는 원인은 다양하다. 어떤 사람은 충분한 에너지가 없어서 그렇고, 어떤 사람은 적은 보수 때문에 그렇고, 어떤 사람은 그저 관리자가 자신들에게 무엇인가를 알려주기를 기다리고 있을 수도 있다. 문제는 이러한 내적인 동기와 관련된 부분이 실제 인터뷰 과정에서 쉽게 파악되지 않는다는 것이다. 주로 말에 의해 이루어지는 인터뷰로는 한계가 있다. 그래서 요즘에는 이를 파악하기 위한 새로운 면접 기법들이 시도되고 있다.

'나에게는 왜 탁월한 영업 사원이 없을까?'라는 질문을 다시 하지 않으려면 이상과 같은 채용의 덫을 피해야 한다. 그리고 어떤 사람이 탁월한 영업 사원이 될 수 있는 유리한 조건을 가진 사람인가를 알아보는 눈을 키워야 한다.

어떻게 채용의 성공률을 높일 것인가

탁월한 영업 사원을 얻는 것은 영업 관리자에게 얼마나 큰 행운인가. 그런 사원들과 함께할 수 있다면 영업 관리자로서 오랫동안 성공할 수 있다. 하지만 그런 관리자는 많지 않다.

탁월한 영업 사원을 뽑는 일은 정말 어렵다. 많지도 않을뿐더러 사람의 본성까지 파악해야 하기 때문에 더더욱 어렵다. 누구나 인정하는 채용 시스템 같은 것도 없다. 인사 전문가들도 일반적으로 알려진 것 이상의 해답을 가지고 있지 않다.

채용의 성공률을 높이려면 반드시 고려해야 할 것들이 있다. 먼저 지원자들의 기록을 꼼꼼히 살펴야 한다. 예를 들어 경연대회 참가, 자원봉사 활동, 학교생활에서의 리더 경험 등이 있다면 기회를 만들어 성공할 수 있는 기본 자질을 갖춘 사람으로 볼 수 있다.

인터뷰를 위한 준비도 필요하다. 지원서에 기록된 정보를 바탕으로 질문을 준비해놓아야 한다. 준비되지 않은 인터뷰를 통해 관리자가 얻을 수 있는 것은 거의 없다. 많은 인터뷰를 진행해보는 것이 좋다. 이러한 경험들이 인터뷰 스타일을 개선시켜줄 것이며 지원자들을 좀 더 정확히 파악할 수 있도록 도와줄 것이다. 인터뷰 결과가 마음에 든다면 관리자가 직접 또는 베테랑 영업 사원으로 하여금 하루 정도 현장 체험을 함께한 후 최종평가를 내리는 것도 하나의 방법이 될 수 있다.

성격을 유심히 살펴보아야 한다. 탁월한 관리자들은 기본적인 성격의 중요성을 강조한다. 인터뷰 시 개개인의 성실성, 정직성, 열정을 살펴야 한다. 더불어 평판과 가정환경 등을 포함한 배경 조사를 벌일 필요도 있다. 그것이 때로는 놀랄 만한 정보가 된다.

관리자로서의 직감도 중요하다. 지원자가 마음에 들었다면 고객도 마음에 들어 할 가능성이 높다. 하지만 직감에만 의존해서는 안 된다. 직감은 경험의 산물이다. 사람에 대한 개인의 선호도와 부합할 수는 있어도 영업 사원의 성공 요건과는 거리가 먼 것일 수도 있다. 따라서 마음에 드는 지원자에 대해 다른 사람의 의견도 충분히 들어보아야 한다.

평소에 끊임없는 탐색이 필요하다. 좋은 인재는 면접실에서만 찾을 수 있는 것이 아니다. 언제 마주칠지 모르고, 다른 업종에서도 만날 수 있다. 오늘은 당장 그가 필요하지 않을지 모르지만 내일은 그가 필요하게 될지도 모른다.

영업 관리자는 늘 분주하다. 게다가 영업 사원의 수준이 떨어지면 해야 할 일이 배로 늘어난다. 실적은 증가하지 않고 비용만 증가한다. 어떤 영업 사원을 채용하느냐가 그래서 중요하다. 관리자 자신뿐 아니라 조직 전체의 운명에 중대한 영향을 미치므로 신중에 신중을 기해야 한다.

탁월함을 만드는
4가지 DNA

영업 분야에서 최고의 성과를 내는 탁월한 영업 사원들의 공통적 특징을 연구한 세일즈 전문가 배럿 리들버거Barrett Riddleberger 의《세일즈 챔피언의 청사진Blueprint of a Sales Champion》에 따르면 행동 스타일, 인지구조, 가치 구조, 영업 스킬 등 4가지가 탁월한 영업 사원으로 성장하는 데 결정적 영향을 미친다. 행동 스타일은 영업 사원이 어떻게 제품을 파는지를 알려주고, 인지구조는 영업 사원이 팔 수 있을지를, 가치 구조는 왜 영업 사원이 제품을 팔게 되는지에 대한 정보를 주며, 영업 스킬은 영업 사원이 복잡한 프로세스에 대해 이해했는지에 대한 정보를 준다. 이와 같은 4가지 요소를 통해 영업 사원을 채용하게 되면 탁월한 영업 사원이 될 가능성에 대한 적합하고 완전한 평가를 하게 된다는 것이다.

주도적 행동 스타일

행동 스타일은 가장 파악하기 쉬워 보이는 요소다. 사람은 누구나 다른 사람에게 반응하는 데에서 일정한 패턴을 보인다. 행동 패턴은 집의 겉모양과 같은 것이다. 이것만 보고도 꽤 많은 정보를 얻을 수 있으나 그 집에 방이 몇 개 있고 배선이 얼마나 튼튼하게 되어 있는지는 모른다. 마당을 빙빙 돌면서 집 주위를 둘러본다고 해서 알 수 있는 것이 아니다. 어떤 행동 스타일의 소유자이건 제품을 팔 수 있지만, 새로운 잠재 고객을 발견하는 문제에 직면했을 때 가장 최적의 결과를 가져올 수 있는 적합한 스타일은 있기 마련이다. 바로 주도성이 강한 스타일이다. 이런 스타일은 앉아서 기다리지 않고 해결의 실마리를 찾아 적극적으로 움직인다.

명석한 인지구조

우리가 알고 있는 사람들 중에는 사고가 명석한 사람이 꼭 있다. 이들은 어떤 상황에 부딪히면 지금 무엇이 진행되고 있는지를 정확히 파악하고 아주 명확하고 적극적인 결론을 끌어내는 능력을 가졌다. 보통 사람들과는 다르게 사물을 관찰하며 주의를 집중하고, 관련성이 없는 사물에는 아예 관심을 꺼버린다. 이러한 명석한 사고방식은 탁월한 성과를 내는 영업 사원의 매우 중요한 요소다.

에어컨에는 필터가 있고, 공기가 그 필터를 통과하게 되어 있다.

필터가 깨끗할 때 시스템도 잘 가동된다. 인지구조는 사람의 두뇌 속 필터와 같이 사물을 얼마나 명석하게 볼 수 있는지, 정보를 얼마나 정확하게 처리할 수 있는지, 개념의 우선순위를 얼마나 정확하게 바로잡을 수 있는지와 직결되어 있다. 그러나 사람의 인지구조는 내면적인 것이기 때문에 일반적인 채용 인터뷰와 같은 방법으로는 잘 드러나지 않는다.

이러한 인지구조를 파악하려면 다음과 같은 속성들에 주목할 필요가 있다.

스스로 시작하는 능력

외부의 어떤 자극이 없이도 목표 달성을 위해 에너지를 쏟아부을 수 있는 능력이다. 앞에서 언급한 스스로 동기부여할 수 있는 능력과 같은 맥락이다.

목표 지향성

탁월한 영업 사원들은 자신이 어디로 가는지 알고 있다. 스스로 계획을 세우고 실행하는 전략적 사고방식을 가지고 있다.

결과 지향성

탁월한 영업 사원들은 마무리를 잘할 줄 아는 인지 능력을 가지고 있다. 이들은 자신이 얻고자 하는 결과를 위해 필요한 행동들을 할 수 있는 능력의 소유자들이다. 이것이 약한 영업 사원들은 수많은 판매 기회를 날려버리게 된다.

개인적 책임감

개인적 책임감은 자신의 결정과 행동에 대해 책임지는 능력으로, 자신의 초라한 실적의 원인을 다른 사람에게 전가하지 않는 것을 말한다. 많은 영업 사원들이 이 문제 때문에 힘들어하고 괴로워한다. 하지만 탁월한 영업 사원들은 주도적으로 실수를 인정하고 다음에는 똑같은 실수를 범하지 않는다.

스트레스 조절

탁월한 영업 사원들은 자신의 개인 생활이 직업의 희생양이 되지 않도록 조정할 줄 안다. 자신의 생활에서 무슨 일이 일어나든지에 관계없이 정신적인 자세가 흐트러지지 않게 조절할 수 있다. 긴장을 풀고 스트레스를 다룰 줄 아는 능력을 갖추는 것은 성공의 아주 중요한 속성이다. 영업 사원들이 이것을 하지 못하면 스트레스가 계속 쌓여서 실적에 악영향을 주게 된다.

거절에 대한 대응

탁월한 영업 사원들은 어떤 잠재 고객으로부터 거절을 당하더라도 바로 아무렇지도 않게 전화기를 들고 다른 사람에게 전화한다. 기분

나빠 하지 않고 프로세스대로 업무를 추구하는 것은 거절을 잘 다룰 수 있기 때문에 가능한 것이다. 이것이 곧 탁월한 실적으로 나타난다.

판매에 적합한 가치 구조

사람은 자신이 가장 가치 있게 생각하는 바에 따라 행동하게 되어 있다. 또한 그것에 근거하여 결정을 내린다. 만약 영업 사원이 판매에 적합한 가치 구조를 가지고 있지 않으면 영업 관리자가 아무런 조치도 취할 수 없어 바꾸기 어렵다. 앞서 설명한 집의 사례에서 행동 스타일이 지붕과 외벽이라면 인지구조는 배선, 가치 구조는 기초라 할 수 있다. 튼튼한 기초 없이 열악한 외부 환경을 견뎌낼 수 있는 집은 없다. 가치 구조는 집의 기반을 대표하며 그 집으로 하여금 정상적인 역할을 수행하도록 한다. 영업 사원으로서 탁월한 역할을 하기 위해서는 반드시 판매에 적합한 가치 구조를 가져야 한다. 가치 구조에는 다음과 같은 것들이 있다.

이론적 가치

이론적 가치는 지식에 대한 열정과 욕망을 말한다. 이 가치의 가장 중요한 목적은 편리를 위해 지식을 시스템화하는 것이다. 강한 이론적 가치를 가진 영업 사원은 고객에 관한 풍부한 지식을 가지고 있을 때 자부심을 느낀다. 전형적으로 높은 이론적 가치를 가지고 있는 사람들이 대학 교수들이다. 그들은 학생들에게 새로운 지식을 제공할 때 동기부여되며 학문적 접촉을 통해 만족감을 얻는다.

경제적 가치

경제적인 가치는 재무적인 수입과 생각의 실용성을 중시하는 것이다. 이런 유형의 사람들은 어떻게 돈을 벌고 쓰고 분배되는지에 대한 생각을 아주 많이 한다. 강한 경제적 가치를 가지고 있는 영업 사원들은 재정적인 수입을 확보하기 위해 노력한다. 어떻게 시간, 에너지, 자원 등에 대해 투자 대비 이익을 극대화할 것인지를 항상 고려한다. 주식 브로커들도 전형적으로 높은 경제적 가치를 가지고 있다. 더 많은 부를 창출하기 위해 지속적으로 방법을 찾고 노력한다.

사회적 가치

사회적 가치는 자신이 뻔히 손해를 볼 것을 알면서도 자신을 다른 사람에게 헌신하려는 욕망이다. 이런 유형의 영업 사원은 인간관계를 아주 소중히 여기고 친절과 동정을 항상 강조한다. 간디와 테레사 수녀는 높은 사회적 가치를 가진 대표적인 인물이라고 할 수 있다.

정치적 가치

정치적 가치는 권력에 대한 욕망이다. 경쟁과 리스크를 자신이 극복해야 할 도전으로 본다. 강한 정치적 가치를 가진 영업 사원들은 지배하고 영향력을 발휘하기를 좋아하며, 자신이 얼마나 성공적인지에 대해 다른 사람들이 알기를 원한다. 이런 유형은 회사에서 최고까지 올라간다. 강한 영향력을 행사하면서 톱으로서 조직을 이끌어가는 것이 그들이 추구하는 최선의 욕망이기 때문이다. 바로 CEO들이 이와 같은 정치적 가치를 가지고 있는 경우가 많다.

규칙적 가치

질서와 전통을 중요하게 여기는 유형이다. 이런 유형에게는 규칙과 원칙이 매우 중요하다. 강한 규칙에 대한 가치를 가지고 있는 영업 사원들은 권위가 수립되고 존경받는 환경에서 편안함을 느낀다.

이처럼 가치는 영업 사원의 능력에 아주 중요한 역할을 한다. 이 중에서도 특히 경제적 가치와 정치적 가치는 탁월한 성과를 내는 영업 사원이 되는 데 중요한 열쇠가 된다.

영업 스킬은 신입 사원에게

영업에서 스킬이 중요하다는 데는 이견이 없다. 그러나 영업 스킬은 행동 스타일이나 인지구조, 가치 구조보다 후순위에 있다. 스킬을 가르칠 수는 있어도 한 사람을 원래의 모습과 달라지도록 교육하는 것은 대단히 어려운 일이기 때문이다. 따라서 스킬은 업계의 베테랑이나 경력 사원보다 신입 사원에게 가르치는 것이 훨씬 더 효과적이다. 행동 스타일과 인지구조, 가치 구조에 충돌이 있는 베테랑에 비해 비교적 조화를 이루고 있는 신입 사원에게 스킬이 더 잘 수용되고 발휘되는 것이다. 업계 최고의 영업맨이라고 해서 고용한 사원이 기대에 못 미치는 모습을 보이는 경우가 적지 않은 현실도 이 같은 가치 충돌의 문제로 설명할 수 있다.

탁월한 영업 사원들의 DNA는 명확하다. 그들은 무엇이건 적극적으로 나서서 도전하고 해결하려는 행동 스타일과 그에 필요한 스킬을 갖추고 있다. 이것이 영업 활동의 에너지가 된다. 또한 그들은 성과와 관계의 문제를 효과적으로 풀어가는 인지구조와 가치 구조를 내재하고 있다. 집중해야 할 것과 하지 말아야 할 것, 중시할 것과 무시해도 좋을 것에 대한 분명한 기준을 가지고 영업 활동을 관리해나간다.

영업에 어울리는 DNA를 가진 사원이 탁월한 영업 사원으로 성장한다. 행동 스타일과 인지구조, 가치 구조가 맞지 않으면 아무리 많은 스킬 교육을 실시해도 효과를 보기 어렵다. 성장 가능성이 있는 DNA를 가진 사람을 뽑아야 한다. 그리고 끊임없이 교육 기회를 제공하고 커뮤니케이션할 수 있어야 한다.

영업 현장을
어떻게 바꿀 것인가

4장

실행되지 않는
교육은
가짜다

: 성과로 이어지는 영업 교육 방법

말뿐인 교육에서
성과로 연결되는 교육으로

- 질문과 경청을 잘해야 일류 영업 사원이다.

- 신념과 열정을 가져라.

- 높은 목표를 세우고 이를 달성하기 위해 끊임없이 노력하라.

- 승부근성을 가져라.

- 기존의 영업 패러다임을 바꿔라.

- 자신에 맞는 영업 노하우를 개발하라.

- 고객의 마음부터 열어라.

- 남보다 더 부지런하고 더 열심히 일하라.

- 고객과의 신뢰는 영업의 생명이다.

이 10가지는 영업을 주제로 다루는 시중의 서적과 강좌에서 공통적으로 강조하는 문구들이다. 대부분의 영업 교육에서 사용하는 콘텐츠들도 몇 가지 패턴을 보인다.

첫 번째 패턴은 '불조심하라', '지각하지 마라', '착하게 살라'는 유의 내용이다. 이러한 내용의 장점은 영업 사원에게 좋은 말을 나름대로 체계적이고 설득력 있게 설명한다는 것이다. 반면에 단점은 좋은 말이긴 한데 '그래서 어쩌란 말이냐?'는 의문을 갖게 한다는 것이다. 수없이 영업 교육을 받았던 모 회사의 관리자는 자신이 배운 내용들이 과연 현장의 영업 사원에게 어떤 시사점을 줄 수 있는지 아직도 잘 모르겠다고 고백한다. 강의 내용과 책을 보는 것으로는 실행과 연결시키기가 참으로 어렵다는 뜻이다.

그런데도 많은 회사들에서 영업 사원 교육을 실시할 때 '마음을 다스리는 것'에 치중하고 있다. 마음에 호소하고 각오를 다지게 되는 내용들은 일견 효과가 있어 보이기 때문이다. '눈물과 결의'라는 방식이 조직을 빠르게 활성화시키며 그 결과로 성과에 보다 쉽게 다가갈 수 있다고 생각하기 때문이다. 이 같은 이유로 본질적인 성과 지향의 내용보다는 인간의 감성에 호소하는 콘텐츠가 주를 이루게 되었고, 심금을 울리는 강사의 강의들로 넘쳐나게 되었다. 적절한 말과 그럴 듯한 단어의 조합, 주제에 걸맞은 동영상을 곁들이면 강의를 잘하는 것으로 인식하게 되었다. 이제까지 회사에서 가장 중요한 부분인 영업이 경영학에서 주요 주제로 다루어지지 못한 가장 큰 이유가 여기에 있다고 할 수 있다.

영업의 미래

영업 교육은 다른 어떤 교육보다 실행과의 연결이 핵심이다. 실행에 옮기기 어렵거나 연결할 수 없는 교육은 그냥 좋은 말일 뿐이다. 영업 교육이 실질적으로 현장에 도움이 되기 위해서는 좀 더 현장에 다가가야 하고 실행에 다가가야 한다. 영업 교육의 콘텐츠 하나하나가 현실 경영에 의미를 주기 위해서는 '불조심하라'고 강의하지 말고 '난로 옆 2미터 이내에 모래주머니 3개를 비치하라'는 식의 교육이 되어야 하고, '지각하지 마라'고 하는 대신 '자명종 시계를 사주라'는 식의 디테일한 교육이 되어야 한다. 또한 단순히 잔잔한 마음에 호소함으로써 교육 시간의 대부분을 주제와 관련이 덜한 것에 억지로 연결시키려는 시도도 축소되어야 한다. 내용 역시 현실과 밀착된 날카로운 시각이 담겨야 하며, 실증으로 연결되는 길을 제시해줄 수 있어야 한다.

두 번째 패턴은 잘하는 사람의 성공 사례를 정리해 전파하는 것이다. 이 또한 영업에서의 실행과 연결되지 않는 경우가 많다. 성공 사례들이 대부분 개념적으로 정리되어 있어 실행하기 어려울 뿐 아니라 교육생들이 표면적으로만 받아들이기 때문에 행동 단계까지 나아가지 못하고 만다. 우수한 프로 골퍼의 스윙을 아마추어 골퍼가 따라 하기 힘든 것과 마찬가지다.

세 번째 패턴은 이벤트의 범람이다. 해병대 극기 훈련, 야외 단체 훈련 같은 것이 여기에 해당한다. 영업 사원이 회사 밖의 현장에서 활동하면서 까다로운 고객을 상대하고, 끊임없는 목표 달성의 압박 등 때문에 스트레스를 많이 받으므로 강인한 정신력을 필요로 하는 것은 사실이다. 그러나 이러한 유의 교육 콘텐츠는 효과가 일시적으로 나타날 수는 있어도 지속되지 못한다는 단점이 있다. 그럼에도 불구하고 이러한 이벤트들이 호응을 얻는 이유는 영업 사원들의 각오와 의지를 다지는 행동과 콘텐츠가 영업 사원들을 하나로 뭉치게 하는 것 같은 느낌을 주고, 영업 관리자에게 무엇인가 이루어질 것 같은 기대감을 불러일으키기 때문이다.

교육 콘텐츠뿐 아니라 강의 방법에도 공통의 패턴이 있다. 내용 contents과 재미fun라는 2가지 요소를 적절히 배합하는 것이다. 시사점이 있는 내용에 적절한 동영상을 첨가하고 약간의 재미 요소를 곁들이면 강의가 좋다는 평을 듣고 수강생으로부터 박수를 받는다. 이를 잘 아는 강사들이 너도나도 유사한 방식의 강의를 진행한다.

그러나 지나치게 흥미 위주로 되어 있는 동영상이나 전달하고자 하는 주제와의 연관성이 떨어지는 동영상을 사용하는 것은 좋지 않다. 강의가 끝났을 때 전달하고자 하는 내용이 아니라 동영상만 기억에 남는 경우가 허다하다.

짜증나는 워크숍

영업 사원들을 대상으로 하는 워크숍의 경우도 일반적인 패턴이 있다. 워크숍에는 표준 포맷이 있다. 출발은 주제와 관련된 기조 강의가 주를 이룬다. 강의가 끝나면 분임조를 나누고 분임토의에 들어간다. 각 분임조에서는 조의 구호를 정하고, 대표를 선발하고, 발표자를 정해서 토의를 진행한다. 토의가 끝나면 결과를 발표하고 발표된 결과를 진행자가 정리해주고 시사점을 전달하면서 과정을 마친다. 그런데 대부분 토의를 했다는 자체만으로 의미를 부여하는 경우가 많다. 그 결과 워크숍이 끝나는 동시에 토의 내용과 실행도 종료되는 경우가 흔하다. 이런 경우를 일컬어 '교육 내용을 반납한다'는 우스갯소리로 표현하기도 한다. "워크숍에서 거론된 것들이 실제로 도움이 되기는 참으로 어렵더라. 그리고 활용은 더 안 하더라", "이런 워크숍을 또 해야 하나? 짜증난다. 현장도 바쁘고 준비할 것도 많은데 자꾸 오라가라 하고, 가봐야 내용도 없고…"라고 말하는 경우가 많다.

저성과자들의 이유 있는 변신

영업 교육이 실질적으로 회사 경영에 도움이 되고 성과와 연결되기 위해서는 무엇이 필요할까? 진정으로 성과와 관련이 있고 실행이 가능하도록 만드는 것이 필요하다. 사례를 하나 들어보자.

국내 굴지의 소비재회사 중 하나인 M사는 대형 유통업체와 대리점, 그리고 인적 판매direct sale를 주요 채널로 활용하고 있다. 그중에서도 인적 판매채널은 M사의 창업 이래 성장의 원동력이 되어온 영업 채널이다. 매년 다수의 판매 인력을 모집하고 운영해왔는데, 최근 들어 현장 영업 사원의 생산성이 갈수록 낮아지고 심지어 경쟁에서도 밀리는 수치를 나타내고 있어 영업 관리자들이 고민을 안고 있었다.

현장 조사와 각종 데이터를 놓고 분석한 결과 생산성 저하의 원인이 저성과자가 많기 때문이라는 사실을 알게 되었고, M사는 이를 극복하기 위해 현장 경험이 풍부한 인력 100여 명을 선발하여 전문 강사FM, Field Manager로 양성시키고, 전문 강사들이 현장에서 추려진 5명씩의 영업 사원들을 대상으로 강의, 코칭, 동행 활동 등을 하게 하는 교육 프로그램을 개발했다. 그리고 해당 영업 사원을 분석하고 각각에 맞는 현장 트레이닝을 진행하게 했다. 관점에 따라서는 저성과자보다 고성과자에 집중하는 프로그램을 고려해볼 수도 있었지만, 고성과자는 소수에 불과해 '가능성 있는 저성과자'를 대상으로 교육을 실시하자는 결정을 내렸던 것이다.

M사는 영업 사원들에 대한 현장 교육을 실시하면서 다음의 3가지 원칙을 설정했다.

1. PLAN 단계

- 개요 : 지도 대상 영업 사원들의 현황을 파악하고, 특성별로 분류하고, 한 명 한 명의 분석을 통해 개별 지도 방안을 설계한다.
- 핵심 : 현상을 파악하고, 개선 포인트를 찾아, 구체적 지도 방안을 설계한다.
- 행동 방안 : 실질적인 현장 가이드를 통해 매출을 올리고 수익

을 실천적으로 향상시키는 계획을 수립하게 한다.

통제를 위한 것이 아니라 독립적인 영업 사원으로서 육성한다는
목표 아래 성장을 위한 분석 데이터를 제공할 목적으로 현장의 현상
을 파악한다는 것이 전제되어야 한다. 현장의 실제 데이터를 면밀히
분석하여 실질적인 계획이 수립되도록 한다. 제각각이거나 포괄적인
계획이나 방향이 아닌, 구체적이고 디테일한 실행 계획을 만든다.

2. DO 단계

- 개요 : 의욕과 열정은 있으나 역량이 떨어지는 영업 사원, 즉 성
  과 향상을 위해 도전할 수 있는 사원을 대상으로 현장 코칭과
  가이드를 실행한다.
- 핵심 : '1 : 1'로, 영업 사원의 '눈높이'에 맞춰, '진정성'을 가지고
  지도함으로써 궁극적으로 성과의 개선을 이루는 데 도움을 주
  도록 한다.
- 행동 방안 : 현장의 성과 창출과 역량 강화 활동을 균형 있게 진
  행한다. 사전 준비는 필수다. 작은 성과라도 올리는 것을 목적
  으로 진행한다. 또 영업 사원의 역량에 따라 행동의 수준을 변
  경한다. 3가지 행동 원칙하에 진행한다. 첫째, 활동할 곳이 없
  다?→ 내가 봐두었다. 둘째, 판매가 어렵다?→ 시범을 보여준
  다. 셋째, 쑥스럽다?→ 동행해준다.

3. SEE 단계

- 개요 : '이렇게 하니 잘 되더라'처럼 사원이 적용할 수 있는 실질적 방안을 정리한다.
- 핵심 : 피드백을 하고, 가상이 아닌 실질적 성공 사례를 제공하고, 이를 통해 전문 강사 스스로도 역량을 향상시킨다.
- 행동 방안 : 성장 단계의 기록 유지, 실질적 개선을 위한 포인트 정리, 작은 성과 정리, 숙련된 영업 사원으로부터의 조언 등.

이를 토대로 현장에서 전문 강사들이 활동한 결과, 400여 명에 달하는 현장 영업 사원들의 실적이 조금씩 개선되었다. 무엇보다 고무적인 점은, 작지만 각종 성공 사례가 나오기 시작했다는 것이었다. M사는 현재 2차로 추가적인 전문 강사를 확보하여 현장의 영업 활동을 활성화하는 시도를 계속적으로 추진하고 있다.

M사의 사례에서 보듯이 영업 교육은 현장에 기반한 커뮤니케이션으로 할 일을 정하고 지원하는 방식이 되어야 한다. 강의와 워크숍 또한 연수원에서의 교수법 같은 강사 위주가 아니라 실질적인 현장 지도의 교수법이 적용되어야 한다. 정신 교육이나 개념을 정리해서 전달하는 것도 중요하지만, 그보다 더 중요한 것은 교육과 워크숍의 결과가 현장에서의 행동과 연결될 수 있게 해야 하는 것이다.

2011년 타이거 우즈가 벌어들인 상금은 5,640만 달러677억 원였다. 그의 캐디는 그 10%인 564만 달러67억를 소득으로 챙겼다. 타이거 우즈의 캐디가 하는 일이 무엇일까? 골프 스킬 조언? 컨디션 조절? 백을 매주고 클럽 선택을 도와주는 일? 아마도 정답은 '방향을 봐주는 일'이 아닐까?

영업 교육을 진행하는 강사들 역시 골퍼의 캐디처럼 현장 영업 사원의 바로 뒤에서 방향을 잘 잡도록 이끌어주고 실질적인 도움을 주는 역할을 해야 한다. 영업 사원 하나하나의 목소리에 귀를 기울여 배경을 이해하는 작업이 선행되어야 하고, 현실에 밀착된 시야를 통해 본질적인 문제를 파악하여 해결의 대안을 찾아나가는 것이 필요하다.

영업 사원의 역량에 대한
판단과 훈련

    기업들이 영업 사원의 역량과 관련하여 일반적으로 갖고 있는 잘못된 가정들이 있는데, 3가지가 대표적이다. 먼저, 영업 역량은 현장에서 직접 굴러가면서 배워야 한다는 것이다. 사자가 새끼를 절벽 아래로 떨어뜨린 다음 살아서 올라오는 새끼만 키우듯이, 영업 사원도 그러한 과정을 거쳐 역량을 길러야 쉽지 않은 영업 바닥에서 성장할 수 있다고 생각한다. 다음으로, 모든 영업 사원들이 자사 제품에 대해 충분히 숙지하고 있을 것이라고 가정하지만, 실제로는 그렇지 않은 경우가 적지 않다. 알고 있는 것이 당연한데도 말이다. 마지막으로, 영업 활동이 잘 이루어지고 있다고 생각한다는 것이다. 영업 사원들이 제품이나 서비스에 대해 고객에게 제대로 설명하고 제안할 것이라고 생각하지만, 이 또한 오류로 드러나는 경우가 많다.

잘못된 가정이 문제의 교육 환경을 만들고, 결국 영업 사원의 역량 강화는 요원한 과제로 남게 된다. 그런데 오래된 관념을 버리고 과학적인 방법으로 사원들을 교육하는 기업들이 있다.

교육을 통해 영업력을 극대화한 기업들

글로벌 기업인 I제약회사는 전통적으로 신입 사원을 훈련시키는 독특한 방법을 갖고 있다. 다음의 3가지 원칙하에 철저히 교육시킨 다음 영업 현장에 투입하는 것이다.

첫 번째 원칙은 신입 사원에게 거래처를 맡기기 전에 3개월 동안 비거래처를 계속 방문하게 한다는 것이다. 비거래처를 방문해서 거래 의사를 타진하게 하고 제품과 거래 조건을 설명하는 훈련을 반복시킨다. 이를 통해 신입 사원의 교육 효과는 물론 신규 개척이라는 부수적인 효과까지 얻게 되었다.

삼성에도 이와 유사한 '지역 전문가 제도'라는 것이 있다. 〈하버드 비즈니스 리뷰〉는 이 제도를 삼성이 글로벌 기업으로 도약하게 만든 주요 요인으로 평가하기도 했다. "삼성은 지역 전문가 제도를 통해 미래에 진출할 시장에 대한 정보를 습득하고 인적 네트워크를 장기적인 관점에서 구축했다"며 "이는 단기 성과 위주의 서구 기업들에 시사하는 점이 크다"고 전했다. 실제 삼성 관계자들의 증언도 이를 뒷받침한다. 영국에서 지역 전문가를 했던 김기선 삼성전자 무선사업부 상무는 "영국에서는 개를 데리고 다니는 사람이 있으면 개에게 먼저 이야기를 걸어 개 주인과 말문을 텄다"며 "이러한 현장 경험이 나중에 해외 영업을 하는 데 큰 도움이 되었다"고 말했다. 또 다른 삼성 관계자는 "옛 소련이나 동남아시아, 아프리카 오지에서 홀로 1,000억 원 이상의 연간 매출을 올리는 주재원의 상당수가 해당 지역의 지역 전문가 출신"이라고 말했다. 이처럼 전 세계 곳곳에서 활약 중인 삼성의 지역 전문가들은 2011년 5000명을 돌파했다고 한다.

H통신사에서도 사전 경력 관리 시스템을 가동하고 있다. 자체적인 조사를 통해서 언제나 고성과를 올리는 영업 사원들의 공통점 중 하나가 현장에 투입되기 전에 고객접점 부서에서 근무한 것이었다는 사실을 발견하고, 이에 착안하여 일정 기간 동안 고객들을 상대하는 부서에서 근무하도록 하고 있다.

영업 사원에게는 현장에 앞서 사전 학습과 훈련이 절대적으로 필요하다. 아직도 많은 기업들에서 영업 사원들을 뽑자마자 현장에 투입하고 있는데, 그래서는 성과 창출을 기대하기 어렵다. 영업 사원으로부터 더 나은 성과를 기대한다면 사전에 고객 접촉의 양과 폭을 늘리는 훈련을 보다 많이 시켜야 한다.

제대로 알고 설득력 있게 설명하게 하라

두 번째 원칙은 제품 지식을 숙지하게 한 다음 현장에 투입한다는 것이다. 제품 지식의 습득은 영업 사원이라면 누구나 갖춰야 할 필수 사항이지만, 실제로는 그러한 경우가 많지 않다. I제약회사는 영업교육을 실시하는 기간 내내 아침마다 제품 시험을 본다. 단순한 제품지식뿐만 아니라 각종 상황에 맞추어 제품을 제안하게 하는 훈련을 반복해서 실시한다. 그런가 하면 P사에서는 매일매일 영업 관리 지침으로 저성과자들에게 그날의 상품 하나와 제안할 곳을 선정하고 어떤식으로 제안할 것인지를 정리한 다음 현장에 나가도록 관리하고 있다. 단기간에 모든 것을 습득하고 소화하기는 어렵다는 현실을 반영한 지침이라고 할 수 있다.

세 번째 원칙은 제품 설명의 '기본 틀'을 준수하게 하는 것이다. 제품 지식의 습득 못지않게 중요한 것이 고객에게 설득력 있게 전달하는 것이다. 그런데도 '제품이 좋으면 고객들이 열광할 것이다', '우리제품이 얼마나 좋은지를 일깨워준다'는 생각으로 고객 대응을 하고있다. '우리 것이 좋다'는 생산자 중심의 제품 교육이 낳은 결과다. 하지만 그것으로는 부족하다. 똑똑해진 고객들의 마음을 움직이려면 전달 방법을 바꿔야 한다. 고객이 우리 제품을 통해 얻을 수 있는 경제적·비경제적 이익을 명확히 전달할 필요가 있다. 누구에게 권할 것인지target, 권하는 제품의 핵심 기능은 무엇인지feature, 경쟁 제품 대비핵심 기능의 우위가 무엇인지advantage, 고객이 누릴 수 있는 혜택이 무엇인지benefit와 같은 4가지를 기반으로 세일즈 토크를 구성한다. I제약회사는 모든 제품의 세일즈 토크를 이 4가지 틀에 맞추어 만들게 하고, 이를 반복해서 습득하고 구현해야만 본격적으로 현장에서 판매할 수 있게 하고 있다.

생산성을 높이는 영업 교육

최근 들어 영업에 대한 연구가 급격히 늘어나면서 세부 영역에서 다양한 연구 결과들이 발표되고 있다. 그중에서 주목할 만한 결과 중의 하나가 '영업 사원의 선발과 훈련'에 관련된 것이다. 누구를 영업 사원으로 뽑을 것인가, 사원에게 어떤 교육을 해야 하는가를 주제로 많은 학자들이 연구에 몰두하고 있으며, 경영자들의 관심도 그 어느 때보다 높은 상황이다. 그런 가운데 〈하버드 비즈니스 리뷰〉에 '무엇이 좋은 영업 사원을 만드는가What Makes a Good Salesman'라는 제목의 논문이 발표되었다. 공동 저자인 데이비드 메이어David G. Mayer와 허버트 그린버그Herbert M. Greenberg는 시장조사와 인사 전문가로서 이미 '차세대 경영자를 어떻게 채용하고 개발할 것인가How to Hire and Develop Your Next Top Performer'라는 연구로 주목을 받은 사람들이다.

그들은 보험회사 영업 사원들이 일을 시작한 지 얼마 안 되어 왜 포기하는 경우가 많은지 그 이유를 조사하기 시작했다. 그 결과 1년 안에 50% 이상의 영업 사원들이 이직하는 것으로 나타났고, 3년 안에 그만두는 비율은 무려 80%를 넘어섰다. 이로 인한 손실 또한 이만저만한 수준이 아니었다. 그간의 급여와 수수료에다 영업 비용은 물론

이고, 채용과 훈련에 들어간 시간과 에너지, 저하된 회사 이미지, 떨어지는 조직의 사기, 세일즈 영역의 약화 등 보이지 않는 비용까지 합치면 회사에 엄청난 손실을 입히고 있었다.

마이어와 그린버그 두 사람은 이로 인한 경영자의 고민을 교육으로 해결할 수 있다고 주장했다. 훌륭한 세일즈맨이 공통적으로 갖고 있는 2가지 필수 요건, 다시 말해서 영업 사원이 제품이나 서비스를 팔기 위해 가져야 할 핵심적인 능력으로 '공감 능력empathy'과 '자가발현 능력ego drive'을 꼽고, 이런 능력을 가진 사람을 선발해서 교육해야 한다는 것이다. 공감을 통해 고객으로부터 피드백을 얻을 수 있고, 어떤 상황에서도 목표를 달성해 발전하려고 하는 사람을 채용하기 위해 처음부터 노력해야 하며, 교육과 훈련 과정에서도 이 2가지 능력을 갖춰주는 시스템에 초점을 맞추어야 한다는 것이다.

그들은 또한 성공적인 영업에서 '경험'은 공감 능력이나 자가발현 능력보다 덜 중요한 부분이라고 말하기도 했다. 따라서 훈련은 영업 사원 한 사람 한 사람을 총체적으로 이해하는 차원에서 설계되어야

	Empathy 낮음	Empathy 높음
Ego Drive 높음	약간의 판매를 위해서 그만의 방법을 고집하는 경향 지극히 상업적인 면을 노출	영업부서의 Top
Ego Drive 낮음	더 이상 영업 사원이 아님	"Nice Guy" 고객과 잘 어울리기는 하나 판매를 위해 자기편으로 끌어 들이진 못함

하고, 가공되지 않은 것이어야 하며, 인성검사에 의한 교육보다는 상대성을 감안한 교육이 되어야 한다.

이 같은 연구 결과를 바탕으로 탁월한 영업 사원을 만드는 방법에 대해 통찰적인 시각을 제시한 학자들이 있다.

세일즈 군단을 조직하라

〈하버드 비즈니스 리뷰〉에 '솔루션 영업의 종말'이라는 논문을 발표한 브렌트 애덤슨과 매슈 딕슨, 니컬러스 토먼 세 사람은 앞으로의 영업은 고객의 비즈니스에 충격을 줄 수 있는 '인사이트insight'를 중심으로 해야 한다고 주장하며, 영업 사원이 고객에게 정확한 인사이트를 전달하기 위해서는 다음과 같은 요소들에 대한 결정을 내릴 수 있어야 한다고 말했다.

첫째, 고객의 니즈와 활용 가능한 솔루션은 무엇인가.

둘째, 구매의사 결정권을 갖고 있는 대상은 누구인가.

셋째, 무엇으로 소비자의 마음을 변화시킬 것인가.

그들은 또한 2013년에 발표한 후속 논문 '기존의 영업 사원 관리를 해체하라Dismantling the Sales Machine'에서는 영업 관리자가 인사이트 영업에 최선의 지원을 할 수 있는 방법을 논하면서 영업 사원 관리와 영업 조직, 그리고 영업 문화의 변혁을 강조하기도 했다. 강력한 프로세스가 중심이 되고, 명령 계통이 명확하며, 정형화된 규범으로 일정하게 관리되는 기존의 영업 조직을 인사이트적 판매가 가능한 '세일즈 군단'으로 만들어가야 한다는 것이다. 세일즈 군단은 2가지 특징을 가지고 있는데, 프로토콜보다 영업 사원의 개인적 판단이 중심을 이룬다는 것과, 검사하고 지시하기보다 안내와 지원에 관리의 중점을 둔다는 것이다. 이와 같은 2가지 특징에 따라 미래 영업 조직의 성공에 필요한 변화 요소들을 간단히 정리하면 다음 표와 같다.

세일즈 군단을 만들기 위해 영업 관리자가 해야 할 일은 명확하다. 영업 사원들의 자발적 문제 해결을 권장하고, 혁신적 사고와 도전 의식을 조장하는 한편, 협력적 분위기 조성을 위한 조직 안팎의 연결 장치가 되어야 한다. 팀원들의 말을 듣고, 질문하고, 고객의 가치를 제안하는 코칭 모드 상태를 유지하는 것이 중요하다. 또한 장기적인 관점을 가져야 한다. 단기적인 성과 측정과 보상보다 영업 사원들이 장기적으로 지속적인 성장을 해나가도록 격려하며 이끌어주는 역할

	과거의 영업 조직	미래의 영업 조직
조직 특징	일사 분란한 명령계통 중심	판단(Judgment) 중심
영업 관리자	집행자(Enforcer)	조언자, 코치(Coach)
관리 방법의 특징	정해진 프로토콜	영업 사원 스스로 관리 비즈니스 오너십
조직 풍토	경쟁	협력
성과 기한 관점	단기 성과	장기적 결과
영업 활동의 초점	체크 리스트에 의한 체계적 판매 절차	고객 행동에 가치부여

로 전환해야 한다.

성장의 방정식이 '거래 행위'에서 '지식 기반'으로 옮겨가고 있다. 경영의 포커스도 핵심 인재를 모아 혁신의 주체가 되도록 지지해주는 쪽에 맞춰지고 있다. 영업 관리자도 이에 맞게 자신의 역할을 재정립해야 한다. 그것은 한마디로 필요한 가이드만 제공하고 뒤로 물러서는 것이다.

부담을 주지 말고
피드백을 선물하라

'서로가 서로에게 자극이 되면 선순환, 서로가 서로에게 위안이 되면 악순환'

국내 굴지의 보험회사의 영업소에 붙어 있는 슬로건이다. 영업을 경험한 사람이라면 공감도 되고 여러 생각을 하게 만드는 말이다. 영업에서 '영업 사원에 대한 효과적 관리'는 경영자들의 공통적인 관심사 중 하나다.

영업 사원은 회사의 최전선에서 성과를 창출하는 역할을 하고 있다. 주로 회사 안에서 업무를 수행하는 여타 부서의 사원들과는 달리 영업 사원들은 시간의 대부분을 밖에서 보낸다. 그들은 마케팅 전략을 현장에서 실천하고 그 결과로 회사의 성과를 만들어낸다. 이러한 업무 특성으로 인해 영업 사원에 대한 효과적인 관리 방법이 경영 관리의 중요한 포인트로 자리 잡았으며, 그에 관한 스킬 또한 다양하게 개발되어 현장에 적용되어왔다. 활동 관리, 목표관리, 성과 관리, 보상 체계, 경력 관리 등은 영업 사원 관리의 결과로서 나타난 산물들이다. 최근에는 영업 사원의 관리를 실시간으로 진행하는 각종 시스템 패키지가 개발되고 있다. 이렇게 개발된 과학적 관리 스킬들은 그 하나하나가 영업 관리자들에게 어필하기 충분했고, 그들 또한 다양한 관리의 스킬들을 적절히 활용하여 영업 사원을 관리해왔다.

그러나 이렇게 개발된 다양한 관리 스킬들이 과연 영업의 본질적인 목적인 영업 사원의 성과를 향상시키는 데 도움을 주었을까? 이 물음에 쉽게 답을 할 수 있는 관리자는 많지 않을 것이다. 관리 스킬은 관리의 목적을 달성하기 위해 관리 관점하에 설계된다. 관리의 목적이 잘못되거나 현장에 대한 이해를 기반으로 하지 않은 관리 관점은 진정으로 관리해야 할 사항으로부터 동떨어진 결과를 낳곤 한다. 이와 관련해서 영업 사원 관리에서 범하기 쉬운 몇 가지 오류를 알아보기로 하자.

에스키모에게 얼음을 팔 수 있어야 한다?

영업직에 있는 사람들이 흔히 듣는 말 중의 하나는 "우수한 영업 사원이 되려면 에스키모에게 얼음을 판매할 수 있을 정도가 되어야 한다"는 것이다. 아무리 어려운 환경에 처해 있을지라도 자기 제품을 성공적으로 판매할 수 있어야 한다는 뜻이다. 그러나 잘 살펴보면 이 말은 영업 사원 중심적 사고로부터 나온 것임을 알 수 있다. 영업 사원이 판매를 잘해야 한다는 것에 초점을 맞춘 말이지, 고객에 대한 고려로부터 나온 말은 아닌 것이다.

《장사의 시대 The Art of the Sale》의 저자인 필립 델브스 브러턴은 좋은 세일즈맨은 '에스키모에게 얼음을 팔 수 있나?'와 같은 질문을 모욕적으로 느낀다고 말한다. 그는 또 진정으로 우수한 세일즈맨은 쓸데없는 제품을 팔지도, 소비만능주의를 조장하지도 않는다면서 "자신의 판매 행위가 소비자에게도 궁극의 이득이 될 것이라는 확신을 갖고 현장에 나선다"고 말했다.

영업 사원이 가져야 할 최우선의 목표는 영업 사원 자신이 아닌 고객이다. 영업 사원에게 '무엇을 팔라'고 하지 말고 '고객의 욕구에 최대한 맞추라'고 해야 한다. 영업 사원에게 전지전능함을 기대하는 것은 어불성설이며 현실적으로도 무리다.

효과적인 영업 사원의 관리를 위해서는 영업 사원의 스트레스가 어디로부터 오는지 본질을 따져볼 필요가 있다. '고객에게 구매의 부담을 덜어주고 영업 사원에게 판매의 부담을 줄여주는 것'이 영업 사원 관리의 출발점이 되어야 한다. 그러므로 영업 사원에 대한 관리와 교육은 우선적으로 그들의 현재 수준과 고민에 눈높이를 맞추는 것으로부터 시작되어야 한다.

성공 사례를 전파하면 실적이 오른다?

영업 사원들이 자주 하는 말 중에 "본사의 현장감이 떨어진다", "본사에서 시키는 대로만 하면 아무것도 못한다"는 말이 있다. 그만큼 본사와 현장 사이에 인식의 갭이 쉽게 좁혀지지 않고 있다는 것을 방증한다. 일반적으로 본사의 관리자들은 '성과를 잘 올리는 영업 사원들을 철저히 분석하고 그들의 활동 하나하나를 잘 정리해서 성과가 낮은 영업 사원들에 대한 교육의 도구로 사용하면 된다'는 생각을 갖고 있다. 이는 성공 체험의 전파라는 측면에서 틀린 말은 아니지만, 막상 실행에 들어갔을 때에는 잘 맞지 않는 경우가 많다. 우수한 영업 사원을 찾아내고 그들의 비법을 다른 사람에게 전수한다는 것은 말처럼 쉬운 일이 아니다. 성공한 영업 사원의 얘기를 잘 정리한 것이 실행의 등불로서의 역할을 할 수도 있지만, 성공하지 못한 영업 사원들에게 실질적인 가이드가 되지 못할 수 있다.

뛰어난 영업 사원과 그렇지 못한 영업 사원은 서로 일하는 방식이 다르고 사고방식도 다르다. 성공한 영업 사원의 비결이라는 것은 지극히 개념적인 경우가 많다. 그런 사람들의 비법을 다른 사람들에게 사용하라고 하는 것은 그 자체로도 어려운 일이다. 아마도 그들의 말을 요약하면 '영업은 고객을 만족시키는 활동이다. 그러므로 고객만족을 위해 무엇을 해주어야 하는지를 항상 생각해야 한다'와 같은 뻔한 결론이 나오기 십상이다. 참으로 따라 하기 힘든 말이다.

방문판매 영업을 하는 U사는 영업 부진 사원이나 초보 사원에게 제품을 팔게 하기보다는 우선적으로 자신을 팔게 하는 활동을 권장하고 있다. 제품 판매와는 상관없이 꾸준히 자기 지역에 인사하러 다니고 얼굴을 익히는 활동을 하라는 것이다. 초보자나 부진 사원은 어차피 달성도가 떨어지므로 당장의 실적보다 기반을 닦아주는 것에 우선순위를 두는 것이다. 꾸준히 자신을 알리는 활동을 통해 자기 지역에 익숙해지고 고객들과 친분이 쌓이면 그때 가서 1일 1제품을 선정하여 가망 고객을 대상으로 제안하는 것을 표준 활동 매뉴얼로 정하고 있다.

U사도 처음에는 고성과자의 성공 사례를 모아 책자로 만들고 그들을 강사로 내세워 저성과자를 대상으로 강의하게 하는 교육을 꾸준히 진행해왔다고 한다. 그러던 가운데 교육팀에서 알게 된 것은 고성과자의 성공 사례를 그대로 저성과자에게 접목하기에는 현실적으로 많은 차이와 어려움이 있다는 사실이었다. 그 후로 U사는 개별 저성과자의 상황을 파악하고 한 명 한 명의 눈높이에 맞는 프로그램을 설계하여 교육을 진행하게 되었다.

피드백이 최고의 조직을 만든다

고객 상담을 마치고 돌아온 영업 사원이 관리자에게 좋은 미팅이었다고 보고한다. 그런데 시간이 지나도 결과가 나오지 않는다. 당사자인 영업 사원도 의아하게 생각한다. 상담 내내 분위기도 좋았고 곧 계약을 체결할 수 있을 것 같았는데, 왜 아무런 연락이 없을까?

만일 당신이 이런 상황에 놓여 있다면 영업이라는 직업이 멋진 인생을 위한 지름길이 아닌, 좌절로 점철된 인생으로 가는 길이 될 수도 있다. 이후의 선택은 당신에게 달려 있다. 원하는 미래가 펼쳐질지, 악순환의 연속이 될지는 전적으로 영업 사원 자신의 생각과 일하는 방식에 좌우된다.

가장 중요한 것은 영업 사원이 고객을 만나서 나눈 대화나 보인 행동이 고객에게 어떤 영향을 미쳤는지를 아는 것이다. 다시 말해서 어떤 태도와 스킬이 고객을 기쁘게 하는지, 계약을 성사시키는 데 주효했는지에 관한 정보를 갖고 있어야 한다. 그렇지 못하면 이제까지의 행동을 반복할 수밖에 없다.

영업에 필요한 마인드와 방식, 즉 능력을 갖기 위해서는 반드시 훈련 과정을 거쳐야 한다. 전문 피아니스트가 되기 위해 연주 기법을 익히는 것처럼 말이다. 타고난 재능이 있다 하더라도 그렇게 해야만 한다.

재능이 있다면 연주회에서 가끔 멋진 솜씨를 발휘할 수도 있을 것이다. 그러나 더 뛰어난 연주자가 되려면 자신의 재능을 꽃피게 해줄 스승의 코칭을 받아야 한다. 기법을 익히고 실제 연주에 활용할 수 있어야 한다. 그러면서 위대한 연주자로 성장해가는 것이다.

영업의 세계에서도 똑같은 원리가 적용된다. 탁월한 영업 사원이 되려면 마인드와 스킬을 익히고 적용하는 과정을 통해 그것을 자신의 능력으로 만들어야 한다. 그 과정에서 가장 주목해야 할 것이 '피드백'이다.

슈퍼스타K, K팝스타 같은 오디션 프로그램을 통해 스타들이 탄생된다. 이들 스타들에게는 공통점이 있다. 최고의 실력자로 오를 수 있게 만들어준 힘, 바로 피드백이다. 그들은 심사위원들 앞에서 자신의 재능과 기량을 선보이고 나서 장점 또는 보완이 필요한 부분에 대해 피드백을 받고 돌아가 그 내용을 토대로 연습을 거듭한다. 그리고 다시 심사위원들 앞에서 전보다 발전하고 성장한 모습을 보여준다. 그렇게 해서 그들은 점점 좁아지는 관문을 통과하며 끝까지 살아남아 최고의 영예를 안은 스타가 될 수 있었다.

피드백은 자신의 행동이 낳은 결과를 객관적으로 인식하고 더 나은 행동을 하는 데 필요한 정보를 주는 것이다. 그 정보를 바탕으로 노력을 통해 변화와 성장이 이루어지며 마침내 원하는 목표를 달성하게 된다. 따라서 피드백이 없다면 행동의 변화도 없고, 성공도 없게 된다.

마찬가지로 영업 사원들에게 지속적인 피드백을 제공하지 않는 조직에는 발전이 없다. 이것은 마치 조직 내의 모든 구성원들이 뿌연 안개 속에서 서로를 제대로 식별하지 못하는 상황에 놓인 것과 마찬가지다. 폐쇄적이고 정체된 조직의 전형적인 모습이다.

영업 관리자를 중심으로 서로의 장단점을 말해주고 행동과 효과에 대해 자유롭게 이야기할 수 있는 개방적인 분위기를 만들어야 한다. 그래야만 자신에 대해 알고 학습의 기회를 발견할 수 있다. 영업은 특히 현장에서 고객과 영업 사원 사이에 이루어지기 때문에 어떤 태도나 스킬이 효과적이었고 고객의 마음을 사로잡았는지를 영업 사원 스스로 판단하기가 힘들다. 또한 어떤 점을 개선해야 더 좋은 성과로 연결될 수 있을지를 가늠하기 어렵다. 이런 점 때문에 시간이 지나도 좀처럼 성과가 나지 않는 것이다. 그래서 피드백이 필요하다.

영업 사원이 성과를 내고 성공하기를 바란다면 지금 당장 피드백을 제공하라. 그의 태도와 스킬이 고객에게 어떤 영향을 주는지 주의 깊게 관찰하고 정기적으로 피드백을 주면서 지속적으로 보완해가라. 성과를 내기 위한 수많은 태도나 스킬들 가운데 한 가지만이라도 피드백을 통해 지속적으로 개발하고 숙련해나가도록 이끌어라. 그러면 어느새 당신의 조직은 최고가 되어 있을 것이다.

프로세스로 시작해서
프로세스로 끝내게 하라

비행기는 절대로 그냥 뜨지 않는다. 매번 거치는 절차가 있다. 조종사들은 항상 안전 비행을 위해 이륙 전에 50가지가 넘는 일을 한다. 지식과 경험이 풍부해도 예외 없이 동일한 절차를 반복해야 한다. 왜 그럴까?

동일한 절차의 반복은 동일한 결과를 예측할 수 있게 해준다. 또한 절차상에서 발생하는 문제를 미리 파악하고 대응할 수 있게 해준다. 대부분의 사고나 문제는 이러한 절차를 무시하거나 감지된 문제를 방치한 결과로 일어난다. 이것이 바로 절차, 즉 프로세스의 힘이다. 프로세스의 힘을 제대로 이해하고 내 것으로 만들면 인생이 바뀌고 세상이 달라진다.

비행기 이륙에만 프로세스가 있는 것이 아니다. 세상 모든 일에 프로세스가 있으며, 사람들의 활동 하나하나도 프로세스로 이루어진다. 라면을 끓이거나 고급 요리를 만드는 데도 프로세스가 있고, 논문을 쓰는 데도 프로세스가 있으며, 아픈 곳을 치료하는 데도 프로세스가 있다. 그뿐인가. 폭발물을 제거하는 데도 반드시 지켜야 할 프로세스가 존재한다. 기계나 장치도 설계된 프로세스대로 작동한다. 그렇지 않으면 사고가 난다. 이 같은 프로세스를 알고 그것을 반복적으로 수행함으로써 가능성을 새롭게 발견할 수 있고, 혹시 발생할지 모르는 문제에 미리 대처할 수 있는 것이다.

지속적인 성과는 '프로세스'를 따른다

프로세스를 따를 때 얻게 되는 가장 큰 혜택은 각 프로세스에서 성과를 모니터링하고 측정할 수 있다는 점이다. 이를 통해 전보다 향상된 결과를 위해 효과적인 노력을 기울일 수 있다.

스타일이 다른 두 영업 사원을 코칭한 적이 있었다. 한 사원은 많은 잠재 고객들과 대화하고 각종 제안을 제시하며 계약을 성사시켰다. 전체적인 결과도 좋은 편이었다. 그러나 일정하지 않았다. 결과가 좋을 때도 있었지만 나쁠 때도 있었다. 그는 열심히 하는 사원이었지만 자신이 따르는 체계적인 접근 방법이 없었다. 자신의 영업 활동 중에서 어느 단계에서 개선이 필요한지 알지 못했다.

다른 사원은 잠재 고객은 적은 편이었지만 현재 자신의 영업 활동이 어느 단계에서 있는지, 다음 단계는 무엇을 해야 하는지 정확히 알고 있었다. 항상 장기적으로 예측을 진행했으며, 그에 따라 영업을 진척시켰다. 자신과 자신의 고객이 어느 단계에 있는지를 미리 파악하고 피드백을 통해 꾸준히 결과를 개선해나갔다. 그는 항상 꾸준한 성과를 내는 사원이라는 인정을 받았다.

프로세스는 뼈대와 같아 목표를 달성하기 위한 모든 활동을 뒷받침한다. 프로세스에 중점을 두면 많은 시간을 들이지 않고도 큰 차이를 낳을 수 있으며, 지속적인 성과를 올릴 수 있다. 그렇지 않을 경우 불안하고 예측할 수 없는 성과를 보이게 된다. 그런데도 여전히 직감에 따라 일하거나 검증되지 않은 프로세스를 믿는 경우가 너무도 많다.

영업에서 프로세스란 '고객의 성공을 도와주기 위해 거쳐야 하는 일련의 행동이나 반복적으로 행해지는 활동을 정한 것'이라고 정의할 수 있다. 고객에 초점을 맞춰 잘 짜인 영업 프로세스는 영업 기회를 포착하고 분석하는 활동의 각 단계를 원활하게 연결시키고 높은 성과를 얻게 해준다.

골프 경기를 본 적이 있는가? 선수들은 한결같이 공에 집중하여 같은 동작을 뒤풀이한다. 공 뒤에 서거나 앉아서, 자신의 공을 바라보고, 날아갈 방향을 가늠하고, 공을 치기 전에 한두 번 가벼운 스윙을 하고, 손과 발을 정렬시키고, 호흡을 가다듬은 다음, 모든 것이 적절하다고 판단될 때 스윙을 한다. 단 한 번도 예외가 없다. 매번 이런 절차를 따른다. 골프 선수들만 그러는 것이 아니다. 어떤 분야건 그 분야에서 성과를 내는 전문가들은 하나같이 그들의 절차를 존중하며 준수한다.

탁월한 영업 사원이나 경험 많은 관리자에게도 그들이 따르는 절차가 있다. 잠재 고객과의 첫 대화부터 계약 체결에 이르기까지 반드시 일련의 단계를 거친다. 물론 해당 시장과 상품, 서비스, 구매자의 특성에 따라 조금씩 다른 점이 있다. 반면에 새내기 영업 사원들이나 실적이 저조한 영업 사원들은 대개 이러한 절차를 모르거나 무시하고 잘 따르지 않는다.

체계적인 영업 프로세스가 필요한 이유는 명백하다. 다음 단계에서 해야 할 것을 미리 준비하여 영업의 성공률을 높일 수 있기 때문이다. 이점은 이뿐만이 아니다.

- 개인은 물론 조직 차원에서 문제를 찾아내 원인을 규명할 수 있다.
- 영업의 성공 가능성을 정확하게 예측할 수 있다.
- 영업 사원들 사이에 공통의 언어가 만들어진다.
- 고객의 기대치를 조절하고 만족도를 높일 수 있다.

영업의 최고수를 만들어주는 '복기'

절차를 따른다는 것은 맹목적으로 절차를 지키는 것을 의미하지 않는다. 자신이 행한 절차를 다시 돌아보는 것이 중요하다.

바둑에 '복기'라는 것이 있다. 바둑을 두고 나서 자신이 둔 수를 처음부터 다시 두면서 잘하고 못한 부분을 찾는 것을 말한다. 9단의 고수들도 이 과정은 반드시 거친다. 다른 분야의 고수들도 마찬가지다. 야구의 신이라는 김성근 감독도 경기를 치른 후에는 항상 '복기'에 들어간다고 한다.

신의 경지에 오른 고수들이 복기를 하는 이유는 다른 것이 아니다. 스스로 피드백을 주고받으며 자신의 실력을 갈고 닦아 더 나은 고수가 되기 위함이다. 그래서 그들은 보통 사람들이 넘보지 못하는 신의 영역에 계속해서 머물러 있는 것인지 모른다.

영업에도 끝없는 복기가 필요하다. 하루도 빠짐없이 그날을 돌아보면서 잘잘못을 가리고 오늘보다 나은 내일을 계획한다면 나날이 나아지는 자신을 발견하게 될 것이다. 그리고 언젠가는 영업의 최고수가 되어 있을 것이다.

능력이 부족하다고, 노력한 만큼 성과가 나지 않는다고 자신을 탓하기에 앞서 자신이 수행했던 활동과 프로세스를 꼼꼼히 따져보기 바란다. 복기만으로도 기대 이상의 실적 향상을 누릴 수 있다.

성과 지향적 영업 프로세스의 조건

체계적인 영업 프로세스를 구축하기 위해서는 고객의 구매 프로세스와 연계된 영업 프로세스가 단계별로 성공적으로 수행되었는지를 확인하는 피드백이 반드시 필요하다. 영업 사원 개인의 능력에 의존하기보다 프로세스에 따른 피드백을 통해 지원하고 개선해나가면 성공 확률이 더욱 높아질 수 있다.

또한 영업 사원이 프로세스에 따라 활동하더라도 각각의 단계에 필요한 태도나 스킬을 교육 과정에서 배운 대로 실천하고 있는지에 대한 확인도 중요하다. 배움이 실천을 보장하지 않는다. 만약 제대로 하고 있지 않다면 복습이나 보강을 통해 제대로 실천할 수 있도록 이끌어야 한다.

프로세스는 다음과 같은 4가지 특성을 갖추고 있어야 한다.

- 설명이 가능하다(정의).
- 반복이 가능하다(반복).
- 측정이 가능하다(분석 · 평가).
- 결과 예측이 가능하다(예측).

설명이 가능하다는 것은 해당 프로세스의 내용을 분명하게 정의하는 것을 말한다. 즉 해당 프로세스의 목적과 일련의 활동을 상세하게 설명하고 그에 대한 평가 기준과 지표, 기대, 결과 등을 명확히 하는 것이다. 노트북 제작의 경우를 예로 들면, 프로세스의 목적은 노트북 조립, 그에 따르는 활동 기획, 설계, 제조, 출하 등이 될 것이다. 그리고 평가 기준과 지표는 기획에서 제품 출하까지 걸리는 시간, 불량

품으로 판정되어 폐기되는 노트북 수, 재고회전 기간 등이 될 수 있다.

반복이 가능하다는 것은 프로세스를 몇 번 반복해도 프로세스 원래의 내용이 변하지 않는 것을 의미한다. 결과 역시 사전에 정의된 오차 범위 내에서 동일하게 나오게 된다. 반복되는 프로세스에 따라 동일한 노트북이 생산되는 것처럼 말이다.

측정이 가능하다는 것은 프로세스의 과정을 확인하고 내용을 분석·평가할 수 있다는 뜻이다. 프로세스는 일련의 활동을 규정한 것이므로 시작부터 끝까지 이루어지는 활동 내용을 수치화된 평가 기준이나 지표로 측정할 수 있게 된다.

결과 파악이 가능하다는 것은 해당 프로세스에 따라 어떤 결과가 나올지를 예측할 수 있다는 말이다. 예를 들어 노트북의 제작 프로세스를 보면 노트북이라는 결과물을 예측할 수 있게 된다. 그 프로세스에서 자동차나 TV는 나올 수가 없다.

영업 프로세스도 마찬가지다. 설명할 수 있고, 반복할 수 있고, 측정할 수 있고, 결과를 파악할 수 있어야 한다.

의욕을 보고
능력에 맞게 교육하라

영업 관리자들이 사원 관리에서 흔히 범하는 오류는 활동 관리에 대한 평가에서 나타난다. 그들이 주목하는 것은 영업 사원의 '활동 생산성'이다. 이를 중심으로 관리하고 평가한다. 최근 들어서는 영업 사원의 활동 생산성을 높이기 위한 관리 스킬들도 많이 개발되었다. 활동 일일 리포트, 시간 사용 분석, 매장별 등급 설정, 매장 관리 체계화 방문 횟수, 소요 시간, 방문 모니터링 시스템, 교육 및 경력 관리, 핵심 성과 지표 관리KPI System 등의 방법들이 꾸준히 개발되어 적용되고 있다. 그러나 무엇보다 중요한 것은 다양하게 개발된 관리 스킬들을 적용하기에 앞서 과연 영업 사원의 성과와 연결되는 실질적 포인트가 무엇인지를 찾는 것이다. 이것이 영업 사원 관리의 핵심이라고 할 수 있다.

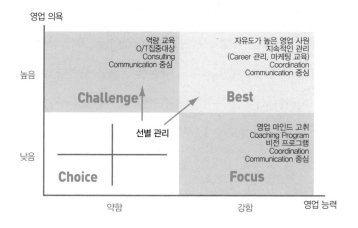

U사의 영업 사원 의욕과 능력에 따른 관리 방법

Best그룹에는 독창성을, Challenge그룹에는 매칭을

소비재 방문판매 회사인 U사는 영업 사원이면서 동시에 개인 사업가 신분인 2,000여 명에 대해 성과를 유도하는 독특한 관리 방법을 갖고 있는 것으로 알려져 있다. 자세히 살펴보면 어떤 특별한 노하우를 갖고 있는 것이 아니라 매우 단순한 방법을 적용하고 있음을 알 수 있다. U사는 복잡한 영업 사원 관리를 2가지 핵심적인 관리 요소로 압축했다. 하나는 '영업 사원의 의욕'이고 다른 하나는 '영업 사원의 능력'이다.

위 그림은 U사가 영업 사원을 관리하는 전략적 관리의 기본 틀이다. 영업 의욕과 능력이라는 2가지의 전략적 관리 기준을 활용하여 '4 기회 발굴 그룹'으로 나누고 이를 영업 사원 관리의 핵심 방향으로 삼고 있다. 'Best', 'Focus', 'Challenge', 'Choice'가 그것이다.

U사는 영업 능력과 의욕이 높은 고성과 그룹을 'Best'라고 부른다. 이 그룹의 특징은 충성 고객이 많다는 것이다. 또한 충성 고객들로부터 신규 고객을 소개받는 데도 탁월한 면모를 보인다. 따라서 이 그룹에 대해서는 최대한 독창성을 부여함으로써 좀 더 창의성 있는 영업을 할 수 있도록 유도한다. 꾸준함을 유지할 수 있도록 경력 관리를 지원해주고 있으며, 한 단계 높은 차원의 마케팅 교육을 받을 수 있도록 권장하고 있다. 또한 Best그룹 영업 사원의 방법이 새로운 사업 기회의 발굴로 이어지는 경우가 많다는 점에 착안하여 새로운 영업 모델 개발에 Best그룹의 사원들을 적극 참여시키고 있다.

고객을 두 유형으로 나누면 '기존 고객'과 '신규 고객'이 될 것이다. 신규 고객 개척의 핵심은 '절대 고객 수'를 늘리는 것이다. 반면에 기존 고객 관리의 핵심은 '충성 고객의 수'를 유지하는 것이다. 영업 사원의 성과, 즉 판매력은 신규 고객을 창출하는 것 못지않게 기존 고객을 충성 고객으로 만드는 것에 달려 있다. 그래서 많은 회사들이 고객을 지속적으로 묶는 방안을 다양하게 강구하는 것이다. 가전제품 업계의 렌탈 시스템, 학습지 업체의 수강생 1:1 지도 등이 대표적이다. 그 밖에도 보험 등 방판업계를 중심으로 고객을 묶어두기 위한 아이디어 발굴과 활동이 활발하게 전개되고 있다.

영업 능력은 있으나 의욕이 떨어져 있는 그룹을 'Focus'라고 부른다. 이 그룹에 속한 영업 사원들은 Best그룹에서 떨어졌거나 오랜 기간 영업을 해서 특별한 동기부여가 없는 경우다. 흥미로운 점은 인센티브 제도를 잘 만든다고 해서 이 그룹의 성과에 획기적인 영향을 주지는 못한다는 것이다. 그보다는 새로운 비전을 가질 수 있도록 목표 설정 방법을 바꾸거나 다른 영업 조직에 투입하는 것이 효과적이다. 개별적인 카운셀링 프로그램으로 개개인의 문제를 파악하고 해결해주는 관리 방법도 적극적으로 시행할 필요가 있다.

영업 의욕은 넘치지만 능력이 없는 그룹은 'Challenge'라고 한다. U사는 이 그룹의 관리를 가장 중요하게 보고 있다. 잠재된 능력을 발휘하도록 하면 기대 이상의 성과를 올릴 가능성이 크기 때문이다. 그래서 영업 사원 개개인의 특성을 잘 파악하여 적절한 프로그램을 운영하고 있다. 영업 역량에 대한 교육과 고성과자를 적절히 매칭시키는 관리를 통해서 능력과 성과를 끌어올리도록 유도한다.

마지막 그룹은 영업 의욕과 능력 둘 다 부족한 'Choice'라 이름 붙여진 그룹이다. 이 그룹에 속하는 사원들에 대해서는 선별적 육성 쪽으로 방향을 잡고 재교육 시스템을 적용하여 관리하고 있다. 의욕이나 역량이 모두 낮은 단계에 있어 언제든 그만둘 가능성이 있으므로 우선적으로 의욕을 제고하는 데 초점을 맞추고 나서 선별적으로 역량을 강화해나가는 것이 바람직하다.

이와 같이 영업 사원은 의욕과 능력 정도에 따라 각기 다른 방법을 통해 교육이나 코칭을 실시하는 것이 효과적이다. 뒤 7장에서 자세히 설명하겠지만, 코칭을 통한 성과 향상에서 가장 중요하게 고려해야 할 사항은 코칭받는 사람, 즉 영업 사원의 의욕과 의지다. 이것이 없는 사원을 코칭한다는 것은 거의 불가능에 가깝다. 따라서 해당 사원이 어떤 상태에 있는지를 충분히 고려하여 그에 맞는 방법을 사용하는 것이 바람직하다.

과학적 관리를 위한 4가지 질문

회사의 경영자는 변화하는 고객과 환경에 맞추어 영업 사원을 과학적으로 관리해야 한다. 과학적 관리 방법이라는 것은 어느 날 갑자기 하늘에서 떨어지는 것이 아니다. 영업 사원의 현장 활동 하나하나로부터 찾아지는 것이고, 그로 인해 과학적 관리의 본질에 접근해가는 것이다. 아직도 영업 혁신과 제품 혁신에 대해 고민하고 있다면 다음의 4가지 질문에 대한 답을 구하는 것으로부터 다시 시작해보기 바란다.

- 우리 회사의 영업 사원을 뭐라고 정의할 것인가?
- 우리 회사의 영업 모델은 바람직한가?
- 영업 사원의 교육 시스템은 사원들의 현장 활동을 제대로 감안하고 있는가?
- 제품은 영업 사원의 활동과 고객이 수용할 수 있도록 적합하게 구성되었는가?

5장

지속적인
변화가
지속 가능한
성장을 이끈다

: '코칭하는 조직' 만들기

전략은 코칭으로
완성된다

영업 관리자라면 누구나 더 높은 성과를 올리기 위해 영업 사원들에게 목표를 주거나 요구한다. 그리고 영업에 필요한 스킬을 갖추도록 하기 위해 교육을 실시한다. 그런데 문제는 교육만으로 모든 역할을 다했다고 생각한다는 것이다.

교육을 실시했다고 해서 영업 사원이 하루아침에 변하는 것은 아니다. 영업 사원이 교육을 통해 배운 것을 현장에서 잘 활용하는지 지속적으로 확인하고 피드백하는 과정이 반드시 필요하다. 그러나 영업 사원과 동행해서 직접 지켜보지 않는 한 이러한 일을 실행하기가 쉽지 않은 것이 사실이다. 모든 영업 관리자들의 공통된 고민이다.

고객과 미팅을 마치고 돌아온 영업 사원이 관리자에게 결과를 보고하면서 좋은 미팅이었다고 한다. 그런데 시간이 지나도 아무런 결과가 나오지 않는다. 영업 사원은 틀림없이 미팅을 잘했다고 했는데 성과는 나오지 않으니 관리자는 답답하고 어떻게 해야 할지 난감하다. 그렇다고 해서 고객을 만나러 갈 때마다 따라다닐 수도 없는 노릇이다.

영업 사원이 성과를 내게 하려면 관리자가 단지 교육을 제공하는 것을 넘어 영업 사원과 함께 사전에 영업 전략을 준비하는 것과 더불어, 미팅 후 실행 과정을 확인하고 지원하는 코칭을 진행하는 것으로 자신의 역할을 확대해야 한다.

영업력이 향상된 사원들의 공통점

세계적인 세일즈 컨설팅사인 허스웨이트Huthwaite는 1970년대 말 제록스에서 영업 교육에 대한 평가 작업을 수행했다. 그들은 당시 곤혹스러운 한 가지 문제에 대한 답을 구하고자 했다. 영업 교육이 끝나고 나서 영업 사원들이 현업에 복귀했을 때 교육의 효과가 어떻게 나타나는가에 대해 알고자 했다. 이는 한 해 평균 1,500만 달러를 영업 교육에 사용하는 제록스에 매우 중요한 이슈였다. 그런데 연구 결과는 모두를 아연하게 만들었다. 영업 교육을 실시한 지 한 달 이내에 87%가 무용지물이 된다는 것이었다. 결국 제록스는 영업 교육이 영업력 향상에 적합한 방식이 아니라는 결론을 내리게 되었다.

이후 제록스의 자료를 면밀히 조사하면서 흥미로운 결과를 발견하게 되었는데, 평균적으로 영업 사원들이 새로 익힌 스킬의 87%를 한 달 내에 상실하지만, 어떤 영업 사원의 경우에는 그 손실 정도가 작았고, 경우에 따라서는 오히려 상승되는 사원도 있다는 것이었다. 이런 예외적인 경우를 조사한 결과 스킬이 향상된 대부분의 영업 사원들에게 공통점이 있었다. 바로 관리자의 체계적인 코칭이 뒤따랐다는 것이었다. 매니저가 적절한 코칭을 수행함으로써 교육받은 스킬을 유지 또는 향상시킬 수 있었다는 이야기다. 이러한 사실은 관리자의 코칭이 영업력 향상에 중요하다는 점을 일깨워주었다.

영업 성과 향상을 전문적으로 연구하는 SEC Sales Executive Council Reaserch도 이와 유사한 결과를 내놓았다. 그들은 자신들이 연구해온 주제들에 항상 동일한 메시지 하나가 포함되어 있다는 사실을 알아냈다. 현장의 영업 관리자가 참여하지 않으면 어떤 시도도 실패한다는 것이다. 성과 보상 계획, SFA 시스템, 영업 프로세스는 물론 영업 스킬이나 태도 등 모든 것이 관리자를 통하지 않으면 효과를 볼 수 없다는 말이다. 어떤 영업 조직에서든 영업 관리자는 전략과 실행 사이의 핵심 연결 고리로, 모든 성패를 좌우한다고 할 수 있다.

SEC는 세계적 수준의 영업 관리자들이 보이는 특징을 찾아내기 위해 '영업 관리자 리더십 진단'이라는 설문조사를 시행했다. 65개 이상의 회사에서 12,000명의 영업 사원을 대상으로 조사를 시행했고, 이를 통해 2,500명 이상의 영업 관리자들에 대한 평가 자료를 모았다. 그 결과 영업 관리자의 능력을 결정짓는 요소로 혁신 능력 29.2%, 코칭 능력 28.0%, 영업 능력 26.6%, 자원 배분 16.2%의 순으로 나타났다. 이 결과를 보더라도 관리자의 코칭 능력이 절대적으로 중요한 요소임을 알 수 있다.

다음의 그래프는 관리자 코칭의 성과와 관련하여 보스턴컨설팅그룹이 제시한 자료로, 일본의 한 공급업체가 4명의 영업 관리자를 대상으로 코칭 활동 시간, 영업 관리자에 대한 영업 사원의 평가 등을

영업 관리자의 코칭 그리고 영업 사원의 평가

영업 관리자의 코칭 활동 시간

구분	영업 관리자의 코칭 대상	영업 사원의 영업 관리자에 대한 평가
영업 관리자 A	전 영업 사원을 성장 단계에 따라 코칭	필요할 때 동행준다. 영업 관리자의 방법을 보면 참고가 되고, 과제를 부여해준다.
영업 관리자 B	실적이 나쁜 영업 사원과 신입 사원으로 한정하여 코칭	영업 관리자가 동행할 때 지적해주므로 대단히 참고가 된다.
영업 관리자 C	신입 사원에게만 기본 활동부터 코칭	영업 관리자는 신입 사원에게만 전력하고, 나에게는 영업 동행도 코칭도 해주지 않는다.
영업 관리자 D	코칭을 별로 중요시하지 않음	내 방법이 잘된 건지, 잘못된 건지 불안하다. 영업 관리자가 좀 더 동행하고 코칭해주면 좋겠다.

출처 : ⓒ BCG

분석한 결과를 보여주고 있다. 4명의 관리자 가운데 A가 담당하고 있는 영업팀의 성과가 가장 좋았고, 그다음으로 B, C 순이었으며, D가 담당하고 있는 영업팀의 성과가 가장 나빴다. 그 차이는 영업 관리자의 근무 시간과 코칭 활동 시간에 있었다. 성과가 가장 우수한 영업팀의 관리자는 코칭 활동에 할애하는 시간이 가장 많았고, 근무 시간도 가장 길었다. 영업 사원으로부터의 평가도 가장 좋았다. 반면에 성과가 가장 나쁜 영업팀의 관리자는 코칭 활동에도 소홀했을 뿐만 아니라 근무 시간도 매우 짧았으며, 영업 사원으로부터의 평가도 좋지 않았다. 이러한 분석 결과는 영업 관리자의 코칭 활동이 영업 사원의 성과에 얼마나 큰 영향을 미치는지를 알게 해준다.

탁월한 영업 관리자는 '개입'하지 않는다

코칭은 사원이 자신의 업무 역량을 개발하고 직무를 완벽하게 수행할 수 있도록 하는 데 관련된 모든 지원 활동이라고 할 수 있다. 그런데 많은 영업 관리자들이 하는 이야기가 있다. 자신의 과거 경험에 비추어 성공적이었던 코칭 방법을 그대로 적용하는데, 영업 사원들이 힘들어 한다는 것이다. 자신들이 10~15년 전에 알아냈던 노하우를 왜 이해 못하는지 모르겠다고 말한다. 하지만 기억해야 할 것이 있다. 영업의 세계에서는 과거에 통했던 방법이 지금은 통하지 않는 경우가 너무나 많다는 사실이다.

만약 영업 사원이 고객과의 상담을 앞두고 있는데 영업 관리자가 참여하고자 한다면 사전에 서로의 역할에 대한 합의가 있어야 한다. 가장 좋은 방법은 영업 사원이 상담을 주도하게 하고, 관리자는 눈에 띄지 않게 지켜보는 것이다. 처음에는 상담 도중에 개입하지 않는 것이 얼마나 힘든 일인지 알게 될 것이다. 특히 영업 관리자가 보기에 뭔가 잘못되어가고 있다고 느껴질 때는 더욱 그럴 것이다. 그렇더라도 고객과 상담 시에 개입하지 않도록 해야 한다. 영업 관리자가 개입하는 순간 대화의 초점이 관리자에게로 쏠리게 되고, 그러면 다시 영업 사원에게 주의를 돌리기가 어려워진다. 상담의 주체가 객체로 뒤바뀌는 것이다. 물론 어쩔 수 없이 개입해야 할 경우가 없지 않다. 중차대한 비즈니스의 사활이 걸린 경우다. 하지만 일반적인 영업 활동 중에 이런 일은 자주 일어나지 않는다.

고객과의 상담이 끝난 후에 결과 보고도 영업 사원이 직접 하게 해야 한다. 일이 어떻게 진행되었는지, 어떤 개선점이 필요한지, 어떻게 달성할 수 있는지를 스스로 이야기하게 한다. 성과에 대한 분석도 영업 사원이 먼저 하도록 한다.

탁월한 영업 관리자들은 다음과 같은 원칙에 따라 창의적으로 코칭을 수행한다.

- 고객과 관련된 사안에 대해 동료, 현장 책임자, 상사의 의견을 요청한다.

- 새로운 역할 모델로서 과제를 수행한다.
- 대화를 나눈다.
- 경험을 공유한다.
- 필요시에는 현장에서 바로 코칭한다.
- 잠재적인 해결 방안을 찾도록 돕는 생각의 파트너로서의 역할을 수행한다.

리더십 분야의 권위자인 노엘 티치Noel Tichy는 "코칭은 회사를 변화시키는 힘을 가지고 있다. 오늘날 리더들의 궁극적인 과제는 빠르게 의사결정을 해서 결단력 있게 추진해나가는 데 있는 것이 아니라, 다른 사람들을 리더로 만들어 자신이 없을 때도 회사가 성공적으로 운영될 수 있도록 하는 데 있다"고 말한다.

코칭이 성과로 연결되는 경우, 안 되는 경우

2012년 우리나라 영업 사원 1,000명을 대상으로 교육컨설팅사인 엑스퍼트컨설팅Expert Consulting이 관리자의 코칭 횟수와 영업 사원 성과와의 상관관계를 조사한 적이 있다. 그 결과에 따르면, 고성과 영업 사원일수록 관리자로부터 코칭을 받는 횟수가 많았으며, 반대로 저성과자의 경우에는 관리자의 코칭이 제대로 이루어지지 않고 있는 것으로 나타났다. 미국의 어치브글로벌Achieve Global에서 조사한 관리자의

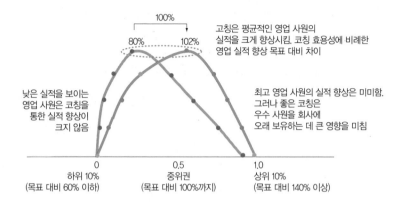

코칭의 효용성에 따른 분포도

100%

80% → 102%

고칭은 평균적인 영업 사원의
실적을 크게 향상시킴. 코칭 효용성에 비례한
영업 실적 향상 목표 대비 차이

낮은 실적을 보이는
영업 사원은 코칭을
통한 실적 향상이
크지 않음

최고 영업 사원의 실적 향상은 미미함.
그러나 좋은 코칭은
우수 사원을 회사에
오래 보유하는 데 큰 영향을 미침

0
하위 10%
(목표 대비 60% 이하)

0.5
중위권
(목표 대비 100%까지)

1.0
상위 10%
(목표 대비 140% 이상)

코칭 후 영업 성과의 변화 조사 결과에서도 적극적으로 코칭을 실시한 조직의 경우 바로 그다음 해에 영업 사원들의 성과가 향상된 것으로 밝혀졌다.

하지만 코칭의 효용성이 모든 영업 사원들에게 고르게 나타나는 것은 아니다. 위의 그래프는 SEC가 2011년에 발표한 것으로, 일반적으로 코칭의 질을 향상시키면 성과 커브 전체가 움직일 것으로 생각하기 쉽지만 실제로는 일부분이 움직일 뿐이다. 그래프의 중간 부분은 움직이지만 양쪽 끝 부분은 움직이지 않는다. 이것이 의미하는 것은 무엇일까? 목표 대비 평균 실적을 보이는 영업 사원들은 코칭으로 인한 실적 향상 효과가 크게 나타나지만, 평균 이하나 그 이상의 실적을 기록한 영업 사원들에게는 그다지 영향을 미치지 못한다는 것이다. 성과가 낮은 영업 사원을 조금만 코칭하면 성과가 급등할 것이라는 일반적인 생각과는 다른 결과를 보여준다. 이처럼 코칭은 전체적으로는 실적 향상에 기여하는 것이 분명하지만, 대상이 어떤 수준의 집단이냐에 따라 효용성이 다르게 나타난다.

성과가 낮은 영업 사원들에게는 코칭보다 교육훈련이 더 효과적이다. 기본 스킬과 지식이 부족한 경우가 많으므로 스스로 문제를 해결하는 데 초점을 맞추는 코칭보다는 강의나 실습 형태의 교육훈련이 낫다. 그리고 성과가 높은 영업 사원들에 대해서는 성과 향상 코칭보다 향후 비전이나 동기를 지속적으로 부여하는 방향으로 코칭을 진행하는 것이 바람직하다.

영업의 미래

파이프라인 코칭으로
미래 매출을 일으켜라

　영업 혁신의 가장 중요한 이슈는 영업 조직에 파이프라인 관리 문화를 정착시키는 것이다. 이를 위해서는 무엇보다 CEO가 최고의 코치가 되어야 한다.

　파이프라인 관리는 정보의 흐름을 보면서 코칭을 전개하는 것이다. 주기적으로 변화하는 파이프라인을 보면서 CEO 관점에서 코칭을 해야 한다. 파이프라인은 매출이 끝난 것이 아니라 진행형이기 때문에 결과에 대한 질책보다는 미래를 준비하는 사전 전략 회의로서의 코칭이 필요하다. 파이프라인이 스트레스 도구로 작용할 경우에는 보고를 위해 정보가 왜곡되는 현상이 발생한다.

　영업 사원들로부터 고객의 소리를 듣고 코칭하는 문화를 만들어가야 한다. 물론 영업 활동이 부진했거나 파이프라인 모양에 문제가 있다면 정확하게 피드백하는 것이 중요하다. 영업 기회 수가 부진하다면 그 원인에 대해 설명을 듣고 회사 차원에서 무엇을 해야 할지를 고민해야 한다. 영업 조직이 느슨해서 생긴 문제라면 경각심을 갖게 해야 한다. SFA를 운영한다면 데이터로 영업 생산성 정보에 관한 리포트를 보면서 코칭할 수 있어야 한다.

코칭은 파이프라인의 성공 여부에 매우 중요한 역할을 한다. 파이프라인을 접해보면 코칭이 없을 경우 태생적으로 한계가 있음을 알 수 있다. 그 이유는 파이프라인 정보를 입력하거나 관리해야 할 사람이 다름 아닌 영업 사원인 경우가 대부분이고, 영업 기회 정보가 입수되면서 파이프라인이 계속 변화하는데 파이프라인에 대해 코칭하지 않으면 엉망이 되어버리기 때문이다. 코칭은 영업 기회에 대한 모니터링, 확인, 상담, 그리고 전략 회의 등을 아우르는 것이다. 또 영업 관리자가 영업 사원을 대상으로 파이프라인 코칭을 하지 않으면 영업 사원들은 '감'에 의존하는 영업을 할 수밖에 없다.

영업 사원이 입력한 정보를 믿지 못하겠다는 영업 관리자들이 많다. 그러나 평상시 코칭과 가이드를 하지 않고 이것을 바란다는 것은 앞뒤가 맞지 않는 말이다. 코칭은 영업 관리자와 영업 사원 간의 대화 창구이며, 고객에 대한 전략적 영업을 위한 작전 시간이자 파이프라인의 품질을 높이는 최고의 수단이다.

효과적인 파이프라인 코칭을 위한 3가지 원칙

영업 관리자가 파이프라인 코칭의 효과를 높이기 위해서는 지켜야 할 몇 가지 룰이 있다.

첫째는 일대일로 코칭해야 한다는 것이다. 조직 전체가 참여하는 파이프라인 회의는 일대일로 할 수 없으나, 관리자는 이와 별도로 정기적으로 시간을 정해 영업 사원과 일대일 코칭 시간을 가져야 한다. 그래야만 문제의 본질을 파악하여 해결책을 마련할 수 있다.

둘째는 사실 기반의 코칭이다. 실적이 좋지 않으면 이성적 판단이 흐려져서 코칭 방법을 잊어버리고 영업 사원을 꾸짖는 일이 흔히 생긴다. 이렇게 되면 코칭이 아니라 영업 사원들에게 악몽의 시간이 된다. 코칭은 감정적으로 진행하는 것이 아니라 파이프라인의 '사실'을 기반으로 진행해야 한다. 영업은 잘될 때도 있고 안 될 때도 있다. 파이프라인도 계속해서 바뀌기 때문에 언제나 완벽한 상태로 존재하기 어렵다. 그래서 관리자들은 파이프라인이 보여주는 정보를 보면서 객관적인 사실에 입각해서 판단하고, 그것을 기반으로 코칭해야 한다.

셋째는 의심을 전제로 파이프라인 정보를 판단하지 말라는 것이다. 신뢰가 무너진 상태에서는 정상적인 진행을 기대할 수 없다. 믿음을 가지고 코칭을 통해 목표 실적을 달성할 수 있게 해야 한다. 물론 확인은 중요하다. 영업 관리자는 정보를 확인하여 만약 영업 사원이 입력한 정보가 틀렸을 때에는 정보를 정확히 업데이트할 수 있게 코칭해야 한다. 이 프로세스가 파이프라인 전체 정보의 품질을 높인다.

파이프라인 코칭은 영업 사원과 관리자가 상호 신뢰를 바탕으로 커뮤니케이션해나가는 성과 향상 프로그램이자 상호 지원 시스템이라고 할 수 있다. 영업 관리자는 사원이 제공하는 정보를 통해 현상을 진단하고, 영업 사원은 관리자의 코칭을 통해 성과를 만들어내는 것이다. 모든 영업 조직에서 적극적으로 활용할 필요가 있다.

영업 관리자가 갖추어야 할
코칭 스킬

오늘날 사업에 종사하는 거의 모든 사람들은 2가지 종류의 리더십이 있다는 사실을 알고 있다. 하나는 기존 리더십이고, 나머지 하나는 새로운 리더십이다. 간단하게 말해서 기존 리더십은 인간 통제를 기반으로 한다. 그에 반해 새로운 리더십은 사람들이 최상의 역량을 펼칠 수 있도록 이들에게 권한을 부여하는 것을 기반으로 한다. 새로운 리더십에서는 세세한 부분까지 관리하지 않으면서 관리하는 것이 주요 관건이다. 이를 위해서 필요한 것이 바로 코칭이다.

코칭은 코치와 영업 사원이 자신의 삶에서 중요한 것을 더 잘하게 되는 것을 즐기도록 돕는 과정을 제공한다. 자신의 현재 위치를 파악하고 인정하며, 다음 단계 그리고 그다음 단계로 나아가도록 집중하여 일하도록 지원한다. 따라서 코칭은 모든 조직이 확보해야 하는 가장 중요한 경쟁 스킬이라고 할 수 있다.

내가 하는 코칭이 진짜 코칭인가요?

현재보다 미래에 더 나아질 수 있는 방법에는 2가지가 있다. 하나는 더 열심히 일하는 것이고, 나머지 하나는 변화하는 것이다. 코칭은 다른 방식으로 일을 함으로써 변화하는 방법을 도와주는 것이다. 조직에서 가장 중요한 자산은 구성원이다. 구성원이 잠재력을 실현하기 위해서 매일 스스로 발전하지 않는다면, 그 회사는 구성원의 재능을 제대로 활용하지 못할 것이다.

조직 내에서 관리자와 동료들 사이에 코칭이 이루어지지 않을 경우, 자원이 낭비될 수밖에 없다. 조직에서 자원은 에너지, 창의성, 아이디어, 스킬 및 재능은 물론 현금의 형태를 띤다. 모든 조직과 관리자는 고용과 해고에 많은 비용이 들어가며, 기존 직원을 개발시키는 것이 훨씬 더 효과적인 잠재력 실현 방법이라는 걸 잘 알고 있다.

코칭이 없는 리더십은 개선 노력 없이 스포츠팀을 운영하는 것과 같다. 관리자가 코칭을 하면 팀플레이가 개선되고, 선수들 스스로가 코칭을 하면 팀플레이가 최고 수준에 도달할 수 있다.

지금까지 만나본 영업 사원들은 대부분 코칭과 피드백의 필요성이 절실하다고 했다. 문제는 잘못을 지적하는 경우를 제외하고는 자신의 업무 방식에 대한 피드백을 받는 경우가 없다는 것이다. 희망적인 것은 대부분의 영업 관리자가 영업 사원을 돕고자 하는 의지를 갖고 있다는 사실이다. 지금까지 만나본 관리자들 중 대부분은 코칭하고 싶다는 욕구를 보였다. 하지만 그와 동시에 자신에게 코칭을 할 만한 능력이 있는지 의구심을 가지고 있었다. "내가 하는 '코칭'이 진짜 코칭인지 궁금합니다"라는 한 관리자의 말에서 수많은 영업 관리자들의 심정을 느낄 수 있다.

관리자의 코칭에는 '때'가 없다

코칭은 매일 그리고 모두를 위한 활동이다. 코칭은 분기별, 월별 또는 주별 세션에 맡기기만 하면 끝나는 과정이 아니다. 물론 공식적인 코칭 세션이 중요한 것은 사실이지만, 그게 전부는 아니다. 전반적인 코칭 과정을 이해하고 그것을 바탕으로 코칭이 일상적으로 이루어질 수 있게 해야 한다.

영업 조직에서 코칭의 출발은 실적 평가라고 할 수 있다. 실적 평가를 통해 더 도전적인 목표를 담당할 준비가 되어 있는 영업 사원들이 누구인지, 그들에게 중요한 업무가 무엇인지를 파악할 수 있기 때문이다. 이때 필요한 것이 그들에 대한 추가적인 지원이다. 지원은 공식적인 훈련을 통해서도 이루어질 수 있지만, 관리자의 일대일 코칭을 제공하는 편이 더 좋은 결과를 가져올 수 있다. 영업 사원의 잠재력을 최대한으로 끌어올리는 데 코칭만 한 것이 없고, 영업 사원 스스로도 관리자의 코칭을 기대하는 경우가 많기 때문이다.

탁월한 영업 관리자는 코칭의 기회를 발견하고 활용하는 데 남다른 모습을 보인다. 사원 한 사람 한 사람의 현재 상태를 주의 깊게 살펴 부족한 점을 채우거나 더 나아지게 하기 위해 자신이 무엇을 지원해야 할지를 생각한다. 그래서 그의 코칭은 상시적으로 이루어진다. 실적 평가 후뿐만 아니라 일상적인 업무 과정에서도 필요할 경우 그때그때 코칭을 실시한다.

B2C 영업 코칭과 B2B 영업 코칭의 차이

영업은 크게 B2C 영업과 B2B 영업으로 나눌 수 있다. 이에 따라 코칭도 서로 다른 접근 방식이 요구된다.

B2C 영업에서는 관리자의 스킬 코칭이 더 중요하다. 특성상 사원 개인의 역량 중심으로 영업이 이루어지는 데다 스킬의 영향과 효과가 크게 나타나기 때문이다. 예를 들어 영업 관리자가 사원에게 클로징 스킬이나 저항 극복 스킬 등을 코칭하면 영업 능력과 성과의 향상을 도모할 수 있다. 이런 스킬이 B2C 영업에서 잘 통하기 때문이다. 반면에 B2B 영업에서는 탐색 스킬 같은 방식이 더 유효하다. 다양한 이해관계자들이 개입되어 있는 복잡한 고객 니즈를 다루는 일은 보다 조직적인 대응을 필요로 한다.

또 B2C 영업은 경험이 가장 중요한 변수로 작용하므로 이에 맞게 코칭이 이루어져야 한다. 경험은 조금만 노력하면 얼마든지 쌓을 수 있고, 쌓인 경험을 통해 배우고 익힘으로써 스스로 실력을 향상시킬 수 있다. 굳이 코칭을 받지 않아도 어느 정도의 수준에는 도달할 수가 있다. B2C 영업에서는 그것이 가능하다. 하지만 B2B 영업에서는 혼자만의 경험으로 실력을 쌓기가 쉽지 않다. 많은 경험을 비교적 단기간에 쌓을 수 있는 B2C 영업에 비해 B2B 영업은 경험을 쌓을 기회가 많지 않다. 게다가 결과가 나오기까지 수개월에서 1년 이상 걸린다. 아침에 생각한 방식으로 하루 동안 5명 이상의 고객을 상대하며 어떤 반응을 보이는지 금세 알 수 있는 B2C 영업과는 비교가 되지 않는다. 이와 같은 이유로 B2B 영업에 필요한 역량은 경험을 통한 축적이 어렵다. 코칭이 B2B 영업에 더 절실한 이유다. 실정에 맞아야 함은 물론이다.

B2C 영업과 B2B 영업에서의 코칭이 다른 점은 또 있다. B2C 영업에서는 평가를 이슈로 해서 상담→평가, 상담→평가의 순으로 진행하며 무엇이 잘되고 무엇이 잘못되었는지, 다음 상담에서 무엇을 더 준비해야 하는지를 코칭한다. 그에 반해 B2B 영업에서는 평가보다 계획을 더 중시하며 계획 → 수행 → 평가 순으로 진행한다. 상담 목적을 분명히 하여 수행과 평가를 용이하게 하는 데 중점을 둔다.

B2C 영업 코칭과 B2B 영업 코칭의 마지막 차이점은 무엇에 중점을 두는가에 있다. B2C 영업 코칭은 영업 사원의 스킬을 개발함으로써 성과를 내는 데 중점을 두지만, B2B 영업 코칭은 전략 개발에 중점

을 둔다. B2C 영업에서는 영업 사원이 고객을 만나 상담하는 스킬 외에 별다른 전략이 필요치 않지만, B2B 영업에서는 개별 전략이라는 큰 틀에서 영업 사원들을 지원해야 하기 때문이다. 그렇다고 해서 B2C에서는 스킬 코칭만 다루고, B2B에서는 전략 코칭만 다루어야 하는 것은 아니다. 전략과 스킬을 별개라고 생각해서는 안 된다는 말이다. 스킬은 전략의 도구로, 아무리 독창적인 전략이 있다 해도 스킬이 뒷받침되지 않으면 전략을 수행하기 어렵다. 전략이 없는 스킬 또한 방향을 상실한 분산된 행위에 그칠 공산이 크다. 전략과 스킬은 함께 가야 한다.

스킬 코칭 VS 전략 코칭

그렇다면 스킬 코칭과 전략 코칭은 어떻게 전개하는 것이 좋을까? 영업 관리자가 코칭 시 특별히 신경 써야 하는 부분은 무엇일까?

일반적으로는 영업 관리자가 영업 사원의 스킬에 중점을 두는 것이 올바른 방법이다. 영업 사원이 스킬에 숙달되면 영업 관리자가 새로운 전략을 실행하기가 훨씬 쉬워지기 때문이다.

스킬을 코칭하려면 우선적으로 영업 사원의 스킬 활용 과정을 직접 눈으로 지켜보아야 한다. 그래야 어떤 부분을 코칭해야 할지를 알 수 있다. 영업 사원과 함께 직접 고객과의 상담에 나가 잘하고 못하는 부분을 주의 깊게 관찰해야 한다. 하지만 전략 코칭은 다르다. 전략 코칭은 사무실에서도 가능하다. 물론 영업 사원의 수행 과정을 지켜보는 것도 필요하지만 반드시 그래야만 하는 것은 아니다. 그렇기 때문에 전략 코칭은 스킬 코칭보다 계획적이고 효율적으로 진행할 수가 있다. 보통 상담을 위해 준비하고 고객을 방문하고 코칭하는 데 적지 않은 시간을 들여야 하는 스킬 코칭과 달리, 전략 코칭은 15분 안팎의 시간으로도 충분히 할 수 있다. 이 때문에 영업 관리자들이 전략 코칭에만 집중하기 쉬운데, 그래선 안 된다.

이미 말했듯이 스킬은 전략 수행을 뒷받침하는 기본 수단이다. 영업 관리자가 아무리 좋은 전략을 갖고 있어도 영업 사원들이 스킬을 갖추지 못했다면 무용지물이 되고 만다. 시간이 덜 든다고 해서 전략 코칭에만 중점을 두고 스킬 코칭을 소홀히 해서는 안 된다. 관리자로서의 전략을 갖되 코칭에서는 스킬에 초점을 맞춰야 한다.

무엇이
'코칭하는 조직'을
만드는가

영업 관리자들은 오늘날의 사업 환경에서 제품 차별화보다는 서비스 차별화(판매 품질 포함)가 더 효과적이라는 사실을 잘 알고 있다. 또한 서비스 차별화가 가능한 경우에도 경쟁 우위 요소로서 영업 사원이 필요하다는 점도 잘 알고 있다. 하지만 이를 위한 실질적인 노력은 찾아보기 힘들다. 모두들 내가 아닌 다른 누군가가 뭔가를 하기만을 기다리고 있다. 영업 사원은 관리자가 주도하지 않는다고 불평하고, 관리자는 사원이 움직이지 않는다고 불평한다.

관리자는 코칭을 통해 일하는 자신의 역할과 영업 사원들이 일하는 방식을 바꿈으로써 조직의 필요성을 현실화할 수 있어야 한다. 이를 위해서는 적합한 코칭 환경을 조성할 필요가 있다.

경영진이 나서라

아는 것과 하고 싶은 것은 엄연히 다른 개념이다. 코칭도 그렇다. 영업 관리자에게 코칭하는 법을 가르치는 것보다 훨씬 어려운 일이 코칭을 하고 싶도록 만드는 것이다. 가장 좋은 방법은 경영진이 나서는 것이다. 경영진이 다음과 같은 태도를 취할 때 영업 관리자가 코칭에 적극성을 띠게 된다.

- 경영진이 코칭을 보상하고 코칭에 대한 상을 준다.
- 경영진이 코칭을 중요하게 여긴다.
- 경영진이 코칭을 할 시간을 허용한다.
- 경영진이 코칭에 필요한 스킬 훈련을 제공한다.

하지만 이보다 더 중요한 것이 있다. 경영진이 직접 코칭을 하는 것이다. 경영진이 스스로 롤 모델이 되어 코칭을 이끌어나가면 코칭이 조직 문화의 한 방식으로 정착하게 된다. 지시하기보다 질문을 통해 직원들의 의견을 청취하고 피드백하고 인정하는 모습을 보여주면, 처음에는 직원들이 낯설게 느낄지 모르지만 점차 자유롭게 말할 수 있게 되면서 개방적이고 참여적인 문화가 자리 잡게 된다.

하고 싶어도 할 수 없다?

영업 관리자라는 직함을 달고 있는 사람들은 많다. 그러나 그중에서 몇 퍼센트가 코칭을 하고 있을까? 또 관리자로부터 코칭을 받는 영업 사원의 비율은 얼마나 될까? 우리는 지난 몇 년간 '영업 관리자 코칭 스킬에 관한 세미나'를 열어오면서 전국의 영업 관리자들에게 이와 같은 질문을 했다. 결과는 어땠을까?

그동안 코칭이 성과 향상의 한 방식이라고 말하지 않는 관리자는 단 한 사람도 없었다. 반면에 자신이 코칭을 받고 있다고 말한 참가자는 단 몇 명밖에 없었다. 영업 사원들에게 코칭을 제공하고 싶지만 실제로 코칭 문화를 구축하기가 쉽지 않다고 말하는 관리자들도 많았다. 그런 면에서 영업 코칭은 한국 회사들에 미개척지나 다름없다.

영업 관리자들에게 왜 코칭을 하지 않는지 그 이유를 물으면 보통 그럴 만한 시간이 없기 때문이라고 답한다. 관리자들의 업무량을 보면 '시간 부족'이라는 장애물이 틀린 말은 아니다. 코칭에는 시간이 필요하다. 특히 코칭은 물론 자신도 성과를 내야 하는 경우에는 더욱 그러하다. 단기적으로 볼 때 코칭을 하는 것이 코칭을 하지 않는 것보다 더 많은 시간을 필요로 한다. 필자들의 경험에 의하면, 시간 압박에도 불구하고 시간 부족이 코칭을 하지 않는 주된 이유가 아니다.

세미나 시 영업 관리자들에게 판매 문제에 대한 피드백이 필요했던 영업 사원을 떠올려보라는 지시를 종종 한다. 그러면 모든 영업 관리자들이 당장 그런 직원을 떠올린다. 그런 다음에는 그 직원의 문제

영업의 미래

가 얼마 동안 지속되었는지 물어본다. 그러면 참가자들은 어색하게 웃으며 우물쭈물한다. 왜 그럴까? 그 이유는 그 문제가 몇 주 또는 몇 달 동안 지속되어왔기 때문이다. 코치가 되고자 하는 많은 영업 관리자들은 불편함을 느끼거나, 코칭에 대한 이해가 없거나, 대립을 피하기를 원하거나, 관계를 해치기 싫거나, 뭘 해야 할지 모르거나 등의 이유로 그 문제를 회피해왔다는 것을 인정한다.

대부분의 관리자들이 코칭을 하지 않는 3가지 결정적인 이유는 다음과 같다:

- 자신도 코칭을 받은 적이 없다(역할 모델이 없다). 조직 문화가 코칭을 지원하지 않는다.
- 어떻게 코칭할지 모른다(스킬이 없다).
- 코칭을 해야 할 인센티브나 책임이 거의 혹은 전혀 없다(의지가 없다).

이 3가지 이유 중에서 첫 번째가 가장 심각하다. 두 번째 훈련 부족은 가장 해결하기가 쉽다. 영업 관리자는 자신의 역할 중 관리 부분을 수행하는 데 필요한 훈련을 거의 받은 적이 없다. 관리자들은 관리자에 임명된 것이지 훈련을 받은 게 아니다. 거의 대부분은 최고 실적을 냈기 때문에 관리자로 임명되었다. 물론 이게 잘못된 것은 아니다. 그런데 관리자가 되기까지 그들이 성공할 수 있었던 요소는 영업 사원을 지원하고 탁월하게 하는 데 필요한 요소들과는 전혀 무관한 것들이었다는 게 문제인 것이다. 사고방식과 스킬 훈련으로 이 문제를 해결할 수 있다.

코칭 환경을 만드는 요소들

코칭이 활발하게 이루어지는 조직을 만들려면 경영진을 비롯한 영업 관리자들이 코칭 환경을 조성하는 데 역점을 두어야 한다.

먼저 피드백을 의사소통의 핵심으로 삼을 필요가 있다. 조직의 상하좌우로 솔직하고 열린 피드백이 원활하게 오가는 회사는 코칭 문화가 잘 정착되는 반면, 그렇지 않은 회사들은 시행착오를 겪는다. 매력적인 비전, 고객 지향적 경영 방침, 훌륭한 영업 시스템을 보유하고 있어도 피드백을 의사소통의 핵심으로 활용하지 않는 조직은 지속적인 개선을 통해 성장해나가는 데 한계가 있다. 그럼에도 불구하고 사람들은 피드백을 두려워한다. 피드백을 제공하거나 받는 과정에서 긴장하거나 심장이 뛰는 것과 같은 부정적인 반응을 보인다. 이는 피드백을 발달적인 것이 아니라 평가적인 것으로 보기 때문이다. 그동안의 경험이 그런 인식을 낳았다. 관리자가 직간접적으로 피드백을 하면서 부정적인 감정을 전달하거나, 피드백을 받는 사람이 피드백을 제공하는 사람의 동기를 부정적으로 본 결과다. 그래서 피드백은 기본적인 신뢰가 있을 때 가능한 것이다. 신뢰를 바탕으로 하지 않으면 좋은 피드백이 나오지도 않을뿐더러 받는 사람도 제대로 수용하지 못한다.

또 질문이 중요하다. 코칭이 활발한 조직이 되려면 영업 관리자가 질문을 통해 행동을 자극하고 역량을 개발할 수 있는 기회를 제공해야 한다. 2주 동안 제품을 팔고 돌아온 영업 사원에게 어떤 질문을 하는가? 아마도 대부분은 성과를 확인하는 수준에서 그칠 것이다. 만난 고객 수와 체결한 계약 건수를 확인하고 실적과 목표를 비교할 것이다. 잘한 점을 칭찬하고 잘못에 대해 야단을 칠 것이다. 그런데 만일 고객의 니즈와 관점에 대해 배운 것은 무엇인가, 경쟁 상황은 어떤가 등에 대해 질문한다면 어떻게 될까? 영업 사원으로부터 흥미로운 대답을 얻을 수 있을 것이다. 특히 계약에 실패한 고객과의 대화는 매우 유익할 것이다. 이러한 질문에 대한 대답은 답변하는 영업 사원뿐 아니라 팀과 회사 모두에 유용한 지식이 될 수 있다. 고객의 니즈가 무엇인지, 어떻게 감추어진 니즈를 확인할 수 있는지, 표현하고 있지 않은 불만을 어떻게 끌어내고 소화할 것이지, 고객의 걱정, 두려움, 저항에 어떻게 대처할 것인지 등은 영업의 핵심 사항으로 모두가 궁금해하는 것이다. 이와 같이 영업 현장에서 코칭을 통해 방대한 학습이 이루어질 수 있다는 것을 깨달을 때 코칭은 지속성을 갖게 된다.

이와 함께 칭찬하는 분위기를 만들어야 한다. 누구나 자신을 알아주고 자신의 역할에서 가치를 확인받기를 원한다. 작은 성과 하나라도 인정하고 격려하는 관리자가 코칭이 활발한 조직을 만든다. 아무리 바빠도 시간을 내서 칭찬하는 기회를 가질 필요가 있다.

영업 관리자의 감정 조절도 코칭하는 조직에 불가결한 요소다. 관리자가 기분 내키는 대로 행동하거나 분노를 다스리지 못하는 조직에서는 코칭이 살아나기 힘들다. 말이 통하지 않고 대화 자체를 꺼리게 되어 아무런 문제도 해결할 수 없게 된다. 물론 개방적이고 솔직한 태도로 자신이 화가 났다고 말할 수 있는 권리와 의무가 관리자에게는 있다. 하지만 어디까지나 조절할 수 있는 상태에서나 가능한 일이다. 관리자는 심각한 위기 상황에서도 메시지를 직접적이고 명료하게 제시하면서 변화와 결과를 지향하는 방식으로 커뮤니케이션할 줄 알아야 한다.

또한 경영진과 관리자가 스스로 롤 모델을 자청해야 한다. 조직의 리더들이 솔직하면서도 개방적인 태도로 코칭의 모범을 보일 때 조직에 코칭 문화가 자리 잡을 수 있다.

신뢰는 코칭의 전제이자 기본 조건이라고 할 수 있다. 앞에서도 잠깐 언급했지만 신뢰가 깔려 있지 않으면 코칭이 활발한 조직을 만들기 위한 모든 노력이 수포로 돌아간다. 영업 관리자가 사원들에 대해 일을 잘하고 있으며 앞으로 더 잘할 수 있다는 믿음을 갖고 있지 않다면, 그들의 성장에 관심을 가지고 지원하려는 의지가 없다면, 아무리 코칭에 많은 시간을 들여도 효과를 기대하기 어렵다. 훌륭한 관리자는 사원에게 감시자가 아니라 코치로서 믿음과 지원의 뜻을 전달하기를 주저하지 않는다. 지적하고, 명령하고, 벌을 주는 대신 안내하고, 자극하고, 보상하기에 힘쓴다. 자연 조직에 신뢰의 기운이 흐르면서 코칭이 활발하게 이루어진다.

코칭이 활발한 조직을 만드는 일은 결코 쉬운 문제가 아니다. 하지만 영업 관리자는 이를 위해 적극적이고도 지속적인 노력을 기울여야 한다. 그래야만 조직에 코칭 문화가 정착될 수 있고 전략적으로 회사 문화를 바꿀 수 있다.

기대의 차이를 메우는
커뮤니케이션을 하라

영업 조직 내에서 관리자와 사원 간의 커뮤니케이션의 목적은 영업 사원들에게 무엇을 기대하는지를 명확하게 이해시키고, 영업 사원이 그것에 집중하게 하기 위한 것이다. 관리자의 기대를 명확히 하고 커뮤니케이션한다는 의미는 마치 퍼즐의 완성된 모습을 관리자와 사원이 함께 바라보는 것과 같다. 즉 관리자의 입장에서는 영업 사원에게 미래에 대한 청사진을 보여주고, 그 청사진을 위해 어떤 것들을 제공해줄 수 있고 도와줄 수 있는지를 구체적으로 이해시키는 과정이다. 또 영업 사원의 입장에서는 자신의 미래에 대해 완성된 그림을 관리자와 함께 그려 보며 자신의 미래 모습과 현재 모습 속에서 갭을 인지하고, 무엇을 개발하고 어떤 노력을 기울여야 하는지를 이해하는 과정이라 할 수 있다.

탁월한 관리자Top Manager 들은 자신의 기대에 대한 명확한 커뮤니케이션을 통해 영업 사원의 성공을 위한 방향을 설정한다. 그들은 자신이 영업 사원들에게 갖고 있는 기대에 관해서 구두로 커뮤니케이션할 뿐만 아니라 행동을 통해서도 커뮤니케이션한다. 왜냐하면 누군가에게 말하는 것만으로는 그 기대를 이해하고 그것에 집중하리라는 것을 보장할 수 없기 때문이다. 커뮤니케이션한다는 것은 단순히 말하는 것만을 의미하는 것이 아니다. 커뮤니케이션은 어떻게 말하는가, 그리고 말하는 사람의 태도나 표현에 대해 상대가 어떻게 반응하는가와 관련이 있다.

실제로 관리자와 영업 사원 간의 커뮤니케이션은 매우 복잡한 과정이다. 관리자는 먼저 자신의 의도를 언어나 비언어적 수단으로 전환해야 한다. 자신의 생각을 전환하는 과정에서 실패한다면 오류가 발생한다. 뿐만 아니라 메시지를 전달받은 영업 사원은 자신의 이해를 바탕으로 다시 이를 해독해야 한다. 이 과정 역시 부적절한 이해로 많은 오류를 낳을 수 있다. 정보가 전달되는 채널, 그리고 대화 과정에서 환경적 요인에 의해 다양한 잡음이 발생할 수 있다.

많은 관리자들이 단순한 말하기나 지시하기를 영업 사원들과의 커뮤니케이션이라고 혼동하는데, 이것은 단지 한 방향의 일방적인 전달일 뿐이다. 왜냐하면 듣는 사람에게는 단지 그 자리에 있어야 하는 것 외에는 어떤 다른 것을 할 아무런 의무가 없기 때문이다. 심지어 경청해야 할 의무조차 없다. 따라서 일방적 지시나 말하기는 관리자가 영업 사원들과 자신의 기대에 관해 커뮤니케이션하고 그들이 그것에 집중하도록 하기에는 추천할 만한 방법이 아니다.

영업 관리자들과 사원들에게 각각 서로에게 기대하는 바가 무엇인지를 물어보았다. 그리고 상대방이 자신에게 기대하는 바를 알고 있는지의 여부를 물어보았다. 그런 후 그들의 대답을 비교해보면 대개 차이가 있다. 업무에 대한 상호 기대가 명확하게 정의되어 있지 않고, 서로 그것에 관해 커뮤니케이션이 이루어지지 않았기 때문이다. 이 차이를 메우는 방법을 알아야 한다.

탁월한 관리자는 직무기술서로 커뮤니케이션한다

직장에서 흔히 접할 수 있는 '직무기술서'란 특정 직무의 업무 내용과 책임 권한, 직무를 효율적으로 수행할 수 있는 자격 요건에 관한 정보를 체계적으로 기술한 것으로, 각 직무별로 작성한다. 직무기술서는 특정한 양식이 정해져 있지 않기 때문에 활용 목적에 따라 내용과 형식을 달리 할 수 있지만, 일반적으로 직무 개요_{직무 체계/직무 개요/핵심 업무}, 직무 정의_{직무 책임/직무 특성/직무 기준 지표}, 직무 수행 요건_{지식/스킬/태도/경력/교육훈련} 등을 포함한다.

직무기술서는 기대에 관한 의사소통을 위한 출발점이다. 그런데 많은 영업 조직들이 직무기술서가 없음은 물론 그것이 무엇인지조차 모르는 경우가 많다. 영업 조직 내에서 대부분의 영업 사원들은 자신이 해야 할 일이라는 것이 단지 판매라고 인식하는 경우가 대부분이다. 탁월한 영업 관리자는 직무기술서를 검토하고 나서 사원들에게 각 영역을 설명한다. 사원들과 각 직무 영역에 관해 토론한 후 서로 그것을 검토했다는 의미로 문서에 서명한다.

직무기술서는 영업 사원들이 그 내용을 숙지했으며, 회사가 자신들에게 기대하는 점이 무엇이라는 것을 이해했음을 분명하게 해주는 도구다. 또한 영업 사원이 경영자, 관리자, 고객, 동료의 기대나 요구에 대해 명확하게 인식하고 그 기대에 부응하기 위해 필요한 지식과 정보를 이해하며, 활동 중에 발생할 수 있는 문제들에 대해 상호 책임을 분명히 하는 아주 훌륭한 도구다. 그래서 영업 사원들에게 직무기술서에 서명을 하도록 하는 것이 중요하다.

물론 회사나 유통의 형태에 따라 모든 영업 사원들에게 직무기술서를 활용하기는 힘들 수도 있다. 신분증이나 주민등록등본 한 통만으로 회사를 대신해 영업 행위를 할 수 있는 일부 방문판매의 경우가 그렇다. 하지만 이러한 경우에도 최소한의 판매계약서나 판매대리인 등록증과 같은 것들을 통해 직무기술서의 기능을 대신할 수 있다. 중요한 것은 그 필요성에 대해 관리자가 인식하고 있는가이다.

직무기술서 작성 요령

영업 부문에서 주로 사용하는 직무기술서는 기본적으로 3개의 영역을 포함한다. 주요 책임 사항, 핵심 업무, 그리고 자격 요건이다.

비영업 부문의 직무기술서와는 형식이나 내용 면에서 다소 차이가 있을 수 있으나 작성 취지나 형식 면에서는 큰 차이가 없다. 고정급제 영업 사원이나 성과급제 영업 사원의 경우에도 차이가 존재할수 있으나 공통적으로 영업 사원의 역할과 임무, 책임, 표준 활동과 단계, 활동 계획 및 보고서의 작성, 가망 고객의 발굴, 기존 고객의 관리, 고객 정보의 유지 및 관리, 클레임의 처리, 예산의 활용, 입금, 목표 그리고 이에 필요한 요건 및 스킬, 태도와 스킬에 대한 기대 사항등을 포함하여 작성한다.

직무기술서 작성 후에는 영업 관리자가 개별적으로든 팀 미팅 등을 통해서 자신이 그리고 조직이 바라는 목표들에 대해서 영업 사원들과 커뮤니케이션한다. 경영진의 니즈를 포함하여 목표 달성 방법들을 함께 검토해야 하며, 영업 사원들이 목표에 집중할 수 있도록 그들의 생각과 의견을 경청하고 긍정적으로 지지하며 직무기술서에 상호서명한다.

직무기술서 작성(검토) 시 유의할 사항은 다음과 같다.

- 명확하게 무엇을 기대하는지를 기술하고 상호 간에 잘못된 기대를 하게 만들지 말아야 한다.
- 영업 사원들이 좋아하지 않으면 어떻게 할까 염려하지 말고 꼭 필요한 일을 전달하는 것이 중요하다.
- 직무기술서의 내용에 따른 영업 사원의 표준 활동과 목표 달성

에 대한 기대를 모든 사원들에게 전달한다.

- 지식, 스킬, 업무 태도, 업무 규칙 등에 관해 기대 성과를 전달한다.

더 높은 성과는 사후 관리로부터 나온다

영업 사원에 대한 기대를 전달하고 커뮤니케이션하는 것은 한 번의 면담이나 회의로 끝나는 것이 아니다. 그것은 지속적인 사후 관리가 필요한, 항상 진행해야 하는 과정이다. 탁월한 관리자들은 다음과 같이 사후 관리를 한다.

- 영업 사원에게 기대하는 바를 점검, 관찰하고 평가함으로써 영업 사원이 관리자의 기대에 대해 책임감을 가지고 준수하도록 상기시킨다.
- 지속적으로 정보를 제공하고 경청하면서 함께 일한다.
- 피드백을 하되 비난은 하지 않는다.

일단 하나의 목표를 달성하고 나면 성과를 축하하고 공개적으로 칭찬해줘야 한다. 축하와 칭찬은 사람들에게 힘을 불어넣고 새로운 미래 활동에 대해 준비시켜준다. 물론 하나의 목표 달성이 과정의 끝을 의미하는 것은 아니다. 영업 관리자와 사원들은 목표 달성 후에 새로운 계획 수립과 실행 과정에 대해 검토해야 한다. 이때 관리자는 자신과 사원들에게 다음과 같이 질문을 던지고 답변들을 정리해놓아야 한다.

- 어떤 것이 효과가 있었고, 어떤 것이 효과가 없었나?
- 목표 달성으로 기대했던 이익이 발생했는가?
- 만약 이 일을 다시 한다면 어느 부분을 다르게 할 것인가?
- 일을 더 잘할 수 있도록 팀에 충분한 자원과 권한이 주어졌는가?
- 향후 더 큰 목표를 달성하기 위해 추가해야 할 것들은 어떤 것들이 있는가?

사후 관리로부터 얻는 교훈은 매우 소중하다. 영업 관리자와 사원들은 그 교훈들에 대해 충분히 이야기를 나누고 자기 것으로 만들어야 한다. 만약 이전의 목표가 너무 쉽게 달성되었다면 앞으로의 목표는 조금 더 높게 정하는 것이 바람직하다. 목표를 달성하는 데 노력이 지나치게 많이 들었다면 새로운 목표는 좀 더 낮게 정하는 것이 좋다. 어떤 스킬에서 부족함을 느꼈다면 그 스킬을 익히는 것을 미래의 목표로 정해야 한다. 이것이 더 높은 성과를 향해 나아가는 최고의 길이다.

영업의 미래

개인과 조직을 바꾸는
'관찰의 힘'

관찰은 영업 사원들이 관리자의 기대를 명확하게 이해했는지를 판단하는 데 도움을 준다. 탁월한 관리자들은 시간을 내어 영업 사원들이 있는 곳으로 나가서 무슨 일이 일어나고 있는지를 관찰한다. 그리고 관찰 결과를 토대로 시도와 노력에 대해 인정하고 칭찬하며, 어떤 일이 올바르게 되지 않았을 때는 사원과 함께 점검하고 다시 자신의 기대를 명확하게 전달한다.

코치처럼 관찰하라

스포츠 코치들은 관찰의 개념을 확대하여 사람들을 개발시키는 전문가들이다. 그들은 TV에서 보는 것과는 반대로 선수들에게 훈계를 하거나 격려를 하지 않으며, 심지어 소리도 거의 지르지 않는다. 그보다는 주로 관찰에 많은 시간을 들인다. 연습하는 모습을 지켜보고, 경기 도중의 플레이에 주목하고, 경기 후에도 비디오테이프를 통해 움직임 하나하나를 점검한다. 그것을 통해 선수 개개인의 특성을 파악하고, 그에 관한 기록을 만들고, 개선을 위해 활용할 자료들을 수집한다. 그리고 자기 위치에서 벗어나거나 계속 실수하는 선수들에게 기대를 전달하고, 능숙하게 할 때는 칭찬을 아끼지 않는다.

코치들처럼 탁월한 영업 관리자들 또한 관찰, 정보 수집, 피드백 등을 통해 사원들에게서 최고의 성과를 이끌어낸다.

무엇을 관찰할 것인가

스포츠 코치가 선수들의 움직임과 특이 사항들을 세심하게 관찰하는 이유는 그것이 선수로서의 효율성을 정확히 보여준다는 사실을 알고 있고, 또 선수들이 그 결과를 자신의 특성에 따라 자연스럽게 연결시킬 것이라는 것도 알고 있기 때문이다. 영업 관리자들도 마찬가지다. 영업 사원들의 효율성을 판단하기 위해 그들의 움직임과 특성 그리고 표준 활동의 활용 여부를 지켜본다.

이와 관련하여 전문 코치들이 운동선수들을 개발시키기 위해 어떻게 하는지를 주목할 필요가 있다. 그들은 같은 실수를 되풀이하는 선수에게 지적 사항을 전달하고 일정한 훈련을 거친 뒤의 결과를 다시 점검하며, 개선되었을 때는 격려하고 축하해준다. 영업 관리자가 사원들의 활동을 개선하는 것도 다르지 않다. 이때 유념할 사항은 다음과 같다.

- 실수하는 영업 사원의 행동을 관찰한다. 어떤 행동을 하는지를 지켜보고 실수하는 이유가 어디에 있는지를 파악한다. 그리고 그것을 어떻게 시정해야 할지를 고민한다.
- 한두 번의 관찰이 아니라 여러 번의 관찰이 필요하다. 영업 관리자가 한두 번의 동행, 관찰로 이전의 모든 행동을 유추하는 것은 오류 가능성이 크다. 실수 또는 문제 행동이 일시적인 것인지 아닌지를 알려면 최소한 몇 번의 관찰을 거쳐야 한다.
- 개선할 부분에 대해서는 영업 사원에게 정확히 알려준다. 그런데도 많은 영업 관리자들이 이를 두려워한다. 갈등을 피하고 싶은 것이다. 하지만 그래가지고는 아무런 개선도 이루어지지 않는다. 개선 사항을 이야기해주고 어떻게 해야 할지 방법을 시연할 수 있어야 한다.
- 관리자가 일러준 대로 사원이 개선을 위한 시도를 하고 있는지 지켜본다. 이는 매우 중요한 과정이다. 말로만 해서는 안 된다. 실행이 중요하다. 관리자의 설명과 시연이 사원을 통해 실제 행동으로 드러나야 하고, 관리자는 이를 확인할 수 있어야 한다.
- 영업 사원의 시도 결과에 대한 피드백이 중요하다. 잘했다면 칭

찬해주는 등의 지지를 표시해야 한다. 긍정적인 강화는 시도하는 당사자에게 강한 동기부여가 된다. 이는 마치 기어 다니는 아기를 걷도록 격려하는 것과도 같다. 아기가 비틀거리면서 한 발짝을 떼려고 할 때 힘차게 응원해주고, 설사 주저앉는다 해도 격려해주면서 사랑스럽게 안아주는 것처럼 말이다. 영업 관리자는 사원의 시도 자체를 인정하고 원하는 성과를 얻을 때까지 든든한 지지자가 되어 관찰과 설명, 훈련, 피드백을 제공해야한다. 이것이 유능한 영업 관리자가 하는 일이다.

이와 더불어 유념해야 할 것이 또 있다. 영업 관리자가 코치의 태도를 일관되게 견지하는 것이다. 과거의 자신보다 우수한 영업 사원에 대해서도 관리자는 얼마든지 좋은 코치가 될 수 있고, 또 그래야한다.

최고가 아니었던 선수가 최고의 코치가 되는 것처럼, 관리자는 코치의 관점과 태도를 가지고 사원들을 도와 이끌 수 있는 사람이다.

언제 관찰하는 것이 좋은가

영업 관리자들은 사원들의 역량을 다음과 같은 기회를 통해 관찰할 수 있다.

- 외부 컨설턴트나 훈련 기관 등을 이용할 때 : 영업 관리자가 함께 그 훈련에 참가하고 훈련을 강화시켜주는 것이 중요하다.
- 역할 연습 시간 : 상호 역할을 정하고 롤 플레이하는 과정이 처음에는 다소 불편할 수 있지만, 지속적이며 관리가 된다면 스킬들을 향상시키는 중요한 방법이 될 수 있다.
- 전화 훈련 : 영업 사원들을 관찰하기에 가장 좋은 기회다. 왜냐하면 영업 사원들이 실제로 어떻게 활동하는지를 보여주는 본보기이기 때문이다.
- 현장 동행 : 영업 사원과 함께 현장에 직접 나가 보면 태도, 커뮤니케이션, 스킬 등 영업 사원에 관한 거의 모든 것을 파악할 수 있다. 또한 지원, 관찰, 시범 등과 같은 동행 목적을 효과적으로 달성할 수 있다.
- 회의 · 보고 시 : 영업 관련 회의나 보고는 영업 사원의 행동을 관찰할 수 있는 아주 좋은 기회다.

관찰 결과를 어떻게 활용할 것인가

코치는 자신이 관찰한 선수의 개인적 특성이 선수 자신과 팀의 성적을 해치지 않는 한 특별히 간여하지 않는다. 물론 성적에 지장을 줄 때는 반응을 보이고 간여한다. 영업 관리자가 피드백을 통해 개선을 요청하는 경우도 영업 사원이 최적의 성과를 이루지 못할 때에 한

한다.

코치는 계속해서 실수하는 선수에게 집중한다. 그렇다고 해서 실수하지 않는 선수들을 관찰하지 않는다는 뜻이 아니다. 2군 선수들뿐만 아니라 대표 선수들까지 모든 선수들을 관찰한다. 대표 선수들도 자신이 무엇을 하고 있는지, 그리고 그것을 어떻게 하는지를 코치가 알고 있는지를 궁금해한다는 사실을 잘 알기 때문이다. 탁월한 영업 관리자들도 자신이 관찰하고 함께 일해야 하는 대상이 기대 사항을 실행하지 않거나 한계가 있는 사원들에 국한된다고 생각하지 않는다. 그들은 최고의 사원들도 누군가와 함께할 때 훨씬 더 성과를 올릴 수 있다는 점을 분명히 인식하고 있다. 이것은 세계적인 프로 골퍼들이 거액을 들여 캐디를 고용하는 것과 같은 이치라고 할 수 있다.

탁월한 영업 관리자는 자신이 관찰한 결과에 따라 개선이 필요한 사원에게 구체적인 사항을 이야기해주고, 적절한 과정을 거치게 한다. 그리고 이후의 관찰을 통해 시정되거나 개선된 점이 발견되었을 때 그것을 격려하고 축하해준다.

다음은 영업 관리자가 사원들의 영업 활동을 효율적으로 개선하기 위해 지켜야 할 핵심 사항들을 간략히 정리한 것이다.

- 지속적으로 실수하는 영업 사원을 관찰해야 한다. 관리자가 그것을 관찰하지 않으면, 무슨 일이 일어나고 있는지, 그리고 그것을 어떻게 개선해야 할지 알기가 어렵다.

영업의 미래

• 관찰을 통한 피드백은 지속적일 필요가 있다. 무슨 일이 일어나고 있는가를 보려면 무엇이 지속적인 것이고 일회적인 것인지, 그 차이점을 알아야 한다. 영업 사원과 한두 번의 동행으로 모든 것이 그러했을 것이라고 판단하는 것은 정확하지도 않을뿐더러 효과적이지도 않다.

• 개선이 필요한 사항에 대해 피드백해주어야 한다. 당사자가 모른다면 개선을 기대하기 어렵다. 그런데도 많은 영업 관리자들이 개선이 필요한 영역에 대해 피드백하는 것을 두려워한다. 갈등의 가능성 때문이다. 그러나 영업 사원과 조직을 위해서는 적절한 피드백을 제공해야 하고, 영업 사원이 따라 할 수 있는 방법으로 직접 시연할 수도 있어야 한다.

• 새로운 방식을 시도하는 것을 지켜보아야 한다. 이것은 아주 중요한 사항이다. 그렇지 않으면 개선의 여부를 확인할 길이 없다. 실제로 자신이 말한 것을 받아들여 영업 사원들이 제대로 하고 있는지를 살펴야 한다.

• 시도하고 능숙하게 된 것에 대해서는 '잘했다'고 인정하고 지지해주어야 한다. 관리자는 지지자가 되어야 한다. 설사 곧바로 능숙하게 되지 않더라도 새로운 것에 대한 시도 자체부터 격려하는 것이 좋다. 이는 기어 다니던 아기가 걸음마를 시도할 때 격려해주는 것과 같다. 아기가 비틀거리며 일어나 한 발짝을 떼려고 할 때 모두가 환호하며 격려하지 않는가. 몇 발짝 가지 못

하고 주저앉는다 해도 결코 나무라거나 하지 않는다. 마찬가지로 영업 관리자는 사원들이 원하는 성과를 얻을 때까지 지속적으로 격려해야 한다. 설사 만족할 만한 결과를 내지 못했다 해도 다시 설명하고 시연하고 연습하도록 이끌어야 한다. 그것이 탁월한 관리자가 하는 일이다.

핵심은 영업 관리자가 코치의 태도를 가져야 한다는 것이다. 그랬을 때 영업 사원을 객관적으로 관찰할 수 있고, 적절한 도움을 줄 수 있고, 기대한 성과에 도달할 수 있다.

최고의 조직은
평가를 성장의 기회로 만든다

영업 사원에 대한 평가는 1년에 한두 번씩 정해진 형식에 따라 공식적으로 실시해야 한다. 형식은 대부분 회사의 인적자원 관리부서에서 정하는데, 적당한 평가 체계가 없다면 즉시 만들어야 한다.

평가는 단순히 결과만을 측정하는 것이 아니라, 그 결과를 달성하기 위해 어떤 일을 어떻게 했는가도 평가해야 한다. 즉 영업 활동을 위해 고객을 만난 횟수, 제안, 견적서, 견본, 시도 횟수 등 여러 가지 활동들을 평가 항목에 포함시켜야 한다.

지식에 대한 평가는 토론이나 공식적인 시험을 활용할 수 있다. 제품이나 시장, 고객에 대한 분야에 초점을 맞추는 것이 좋다. 그리고 기획, 조사, 관계 구축, 보고, 발표, 가치 창출, 수주, 시간 관리 등과 같은 스킬들을 평가한다.

스킬을 평가하는 일은 매우 까다롭다. 만약 평가 방법이 영업 사원들에게 주관적이고 임의적으로 느껴진다면 사원들끼리 갈등이 생길 수도 있고, 평가 내용을 두고도 논란이 생길 수 있다. 최악의 경우는 사원들 전체의 심각한 의욕 상실로 이어질 수도 있다. 따라서 관리자는 스킬을 평가하는 체계를 가능한 한 객관적인 요소를 갖춘 공식적인 절차로 만드는 것이 중요하다. 먼저 평가하고자 하는 핵심 스킬에 대해 숫자로 관리할 수 있도록 하고 숫자의 범위를 정하라. 예컨대 1에서 5까지의 범위로 정했다면 그다음에는 영업 사원들에게 그 수치를 사용하여 자신의 등급을 매기게 한다. 그리고 관리자가 사무실과 현장에서 관찰한 내용을 기초로 직접 사원들의 등급을 매긴다.

평가가 끝나면 평가 회의를 갖는다. 각 스킬에 대한 당신의 평가와 사원들의 평가 간 점수 차이에 관해 이야기를 나눈다. 왜 차이가 있는지 이해할 수 있게 충분히 대화한다. 그리고 사원이 어떤 스킬 개발에 참여할 것인지, 언제 실행할 것인지에 대한 수행 계획을 세운다. 이를 통해 다음 목표와 필요한 교육훈련 등에 대해 서로 합의하는 시간을 갖는다.

어떤 것을 평가한다는 것은 그것의 가치를 결정하는 일이다. 영업 관리자는 사원들의 강점을 평가하고 그 가치를 판단해야 한다. 하지만 그보다 더 중요한 것은 영업 사원들의 가치를 높이기 위해 어떻게 도와줄 것인가를 정하는 데 그 결과를 활용하는 것이다. 영업 사원이 최고의 가치를 실현하는 것을 방해하는 잠재적인 장애물을 파악할 수 있게 해주고, 장애물을 제거하여 가치를 높이기 위한 전략과 실행 방법을 제공할 수 있어야 한다.

왜 평가하는가

영업 사원의 가치를 평가하는 이유는 분명하다. 그에 따른 많은 이점이 있기 때문이다.

- 방향을 제시해준다. 개발이 필요한 영역을 발견하여 더 높은 결과를 얻을 수 있는 새로운 방향을 제공해준다.
- 새로운 목표를 설정하게 해준다. 평가를 통해 기대 목표를 달성했을 때 더 높은 목표에 도전할 수 있게 한다.
- 영업 사원에게 신경 쓰고 있다는 것을 알게 해준다. 이것이 이직을 줄이고 생산성을 향상시킬 수 있는, 영업 사원에게 중요한 동기부여 요소가 된다.
- 기대를 명확하게 하는 데 도움을 준다. 평가 기간 동안 영업 관리자와 사원은 활동전략, 스킬 등에 대해 논의한다. 이를 통해 상호 기대를 명확하게 할 수 있다.
- 개발이 필요한 부분에 대해 영업 사원으로부터 지지를 얻는다. 결과를 확인하고 그 원인이 되는 활동들을 파악하고 나면 이후의 계획과 실행에 대해 공감과 지지, 헌신을 이끌어낼 수 있게

된다. 특히 결과가 기대 이하였을 때는 개발과 분발의 기회로 삼을 수 있다.

- 미래를 위한 계획에 도움을 준다. 평가 기간은 미래 지향적이다. 평가는 잘 진행되고 있는 일에 초점을 맞출 뿐만 아니라 성장하기 위해 바꿔야 할 것에도 초점을 맞춘다. 그것을 통해 더 나은 전략과 계획을 생각할 수 있다.

무엇을 평가 기준으로 삼을 것인가

평가는 '내가 무엇을 어떻게 하고 있는가?'를 다루는 것이다. 즉 평가의 기준을 무엇으로 할 것인지가 중요하다. 이때 영업 관리자는 결과 지표와 과정 지표를 동시에 고려하여 평가하는 것이 중요하다(3장의 '과학적 성과 관리' 참조)

- 양(판매액, 전화 건수, 약속 건수, 완료된 판매 건수, 판매된 물량, 예산 내 비용 또는 예산 외 비용)
- 질(고객만족도)
- 최초의 전화 통화에서 그다음 단계로 이동, 훈련 프로그램 참여, 팀 할당량 완수, 개선 목표 달성
- 마감 기한(데드라인), 준수 제때에 통화 계획, 통화 보고서, 비용 보고서 제출.
- 지식 증가, 제품 특징들과 이점에 대해 학습하고 그것들을 효과

적으로 사용할 수 있는 역량

어떻게 평가할 것인가

영업 관리자가 평가를 진행하는 과정이나 내용은 아주 투명하면서도 구체적이어야 한다. 그래야만 평가의 공정성과 신뢰성을 담보할 수 있으며, 평가 후에 기대되는 개선 효과를 거둘 수 있다. 관리자는 사원과 함께 다음의 사항들을 검토하고 평가하고 합의한다.

직무기술서의 목표

영업 관리자는 직무기술서상의 목표와 기대치를 바탕으로 영업 사원이 자신의 활동 지역에서 얼마나 잘 활동하며 처리하고 있는지를 평가한다.

할당 지역의 판매 목표를 달성했는가? 특정 제품과 서비스를 판매하고 있는가, 아니면 다양한 제품을 판매하는가? 왜 그렇게 하는가?

관리자의 기대치

영업 관리자의 기대치는 영업 사원에게 바람직한 업무 방법을 제시해준다. 평가 또한 그 연장선상에서 이루어진다. 영업 사원이 자신의 기대치를 어떤 활동으로 실현시켰는지를 평가한다.

일주일에 5건의 약속이 이루어졌는가? 약속들의 질은 어떠한가? 새로운 잠재 고객과의 약속들인가? 약속들이 판매를 위한 기회가 되었는가?

성장과 개발 목표

영업 관리자는 사전에 설정된 성장과 개발 목표에 비추어 평가를 진행한다. 예를 들어 상담 스킬의 경우라면 가망 고객과 통화하는 영업 사원을 관찰하고 그 결과를 검토함으로써 얼마나 성공적으로 목표를 충족시켰는지를 평가하게 된다.

영업 사원이 코칭 시에 논의한 방법들을 사용하고 있는가? 얼마나 사용하고 있는가? 그것들이 효과가 있었는가? 없었다면 원인은 무엇인가?

판매 목표

영업 사원에게 가장 중요한 평가 내용이라고 할 수 있다. 판매 목표에 대한 평가는 보통 상시적으로 이루어진다.

목표를 초과했는가? 목표액과 동일한가? 목표 미달인가? 왜 현재 그 상태에 있는가?

주간 계획

계획이 없는 목표는 비효과적이다. 영업 관리자는 영업 사원의 목표 달성 계획이 얼마나 효과적이었는지를 수시로 평가한다.

계획은 잘 고려되어있는가? 효과가 있었는가? 그렇지 않았다면 왜 그런가?

평가는 미래에 대한 계획을 세우는 것이고, 영업 사원들을 계발시키고 문제를 해결하는 것이며, 동기부여에 관한 것이다. 따라서 매일매일, 매주 지속적으로 이루어져야 한다. 탁월한 관리자들은 공식적으로든 약식으로든 항상 평가하면서 대책을 강구한다.

평가 결과를 어떻게 활용할 것인가

평가는 그 자체보다 결과의 활용 여부가 성패를 좌우한다고 할 수 있다. 이를 어떻게 활용하느냐에 따라 평가가 개선과 성장의 촉매제가 될 수도 있고 혼란과 퇴보의 화근이 될 수도 있다.

탁월한 영업 관리자는 사원들의 목표 달성을 위해 동기부여를 하거나 필요한 활동을 조정할 때 평가 결과를 정보로 활용한다. 평가 결과에 비추어 현재 상태를 진단하고 개선할 부분을 피드백한다. 그리고 관찰과 코칭, 재평가를 통해 더 높은 성과를 올릴 수 있게 돕는다. 이때 관리자들에게 필요한 질문들이 있는데, 다음과 같다.

• 실적이 향상되고 있는가?

- 영업 기회가 늘어나고 있는가?
- 코칭을 받고 있는 영역에서의 개선 효과는 있는가?
- 성공에 필요한 태도를 갖추고 있는가?
- 문제 상황을 효율적으로 처리하는가?
- 새로운 아이디어를 시도하는 데 개방적이며 의지가 있는가?
- 문제를 야기하는 개인적 문제들이 있는가?

또한 평가 결과는 영업 사원들의 스킬 향상과 새로운 목표 달성을 위한 공동의 계획 수립에도 도움을 준다. 이에 필요한 접근법과 스킬을 아래에 소개한다.

- 목표에 이르는 단계들을 결정한다.
- 목표 달성에 필요한 스킬들을 구분한다.
- 확인된 스킬들의 체크리스트를 작성한다.
- 스킬들을 향상시키기 위한 실행 계획을 세운다.
- 날짜와 시간, 책임과 사후관리를 위한 계획서를 작성한다.

이러한 과정을 통해 영업 사원들은 자신의 현재 모습과 원하는 미래의 모습에 대해 주인의식을 갖게 되고, 성장을 위한 중단기 계획의 수립과 실행에 적극적으로 임하게 된다. 궁극적으로는 평가에 대한 부담과 걱정을 줄이고 주요한 동기부여의 기회로 삼게 된다.

탁월한 영업 관리자는 평가를 조직 전체가 성장할 수 있는 절호의 기회로 활용한다. 자신과 영업 사원들이 현재보다 더 나아지기 위해 계발하거나 강화해야 할 점들을 파악하여 긍정적으로 변화시켜나가는 데 역점을 둔다. 최고의 영업 조직은 그렇게 탄생하고, 유지되는 것이다.

영업 회의는
달라야 한다

회의는 영업 관리자의 업무 추진 능력을 시험함과 동시에 영업 사원을 키우고 목표를 달성하게 하는 기회다. 회의는 성격에 따라 '목표를 설정하기 위한 회의', '목표를 지원하기 위한 회의', '목표를 평가하기 위한 회의' 등으로 나눌 수 있으며, 기간에 따라 '주간 회의'와 '월간 회의'로 구분할 수 있다. 주간 회의와 월간 회의는 현장에서 가장 일반적으로 이루어지는 회의 형태로, 목표와 관련한 내용도 수시로 다루어진다.

결과와 계획의 주간 회의

주간 회의는 2개 부분으로 구성된다. 첫 번째는 지난주의 목표에 대한 실행 결과에 관해 논의하는 것이고, 두 번째는 다가오는 주의 목표와 실행 계획에 관해 논의하는 것이다. 시간은 30분 이내가 적당하며, 목적은 다음과 같다.

- 한 주 동안의 영업 결과를 논의하고 다가오는 주의 목표를 설정한다.
- 좋은 습관들을 발견하고, 코칭하고, 강화한다.
- 개인의 성공을 축하한다.
- 코칭 기회를 발견한다.

주간 회의는 목표에 집중하게 하고, 영업 사원들이 자신의 능력을 최고로 발휘할 수 있게 하며, 그 결과에 대한 책임을 느끼도록 한다. 회의 형식은 영업 관리자와 사원들이 질문을 통해 문답식으로 진행하는 것이 좋다. 질문 형식을 사용함으로써 영업 사원들은 자신의 영업 활동을 모니터할 수 있게 되며, 이것이 장기적으로 개선된 영업 성과로 이어진다.

영업 관리자의 역할
주간 회의 시 영업 관리자의 역할은 다음과 같다.

효율적 회의 진행

영업 결과와 과정에 대한 질문에 집중하고, 영업 사원들이 주제에서 벗어나지 않게 하며, 회의 시간이 길어지지 않게 한다. 영업 사원이 목표 대비 결과에 대해 보고하는 동안에 영업 관리자는 경청한 다음 무슨 일이 있었는지, 그 영업 사원이 목표를 달성하고 있는지 아닌지를 이해하기 위한 추가적인 질문을 한다. 회의 참가자들이 개방적이고 적극적인 자세로 참여하도록 격려하기 위해서는 영업 관리자가 보고 시 화를 내거나 부정적인 면을 보여주어서는 안 된다. 결과가 좋지 않다면 중립적인 자세를 유지하고 결과들이 좋다면 훌륭한 성과에 대해 긍정적으로 인정해준다.

목표 달성과 설정 그리고 핵심 활동에의 집중

아래의 질문들은 목표와 관련하여 영업 관리자가 주간 회의에서 물어볼 수 있는 것들이다.

- 지난주 결과들은 어떻게 되었나?
- 장애물들은 무엇이었나?
- 이러한 장애물들을 극복하기 위해 어떤 계획을 가지고 있나?
- 목표에 못 미치는 영역들을 개선하기 위해 어떤 계획을 가지고 있나?
- 다음 주 목표는 무엇인가?

- 목표를 달성하기 위해 어떤 활동들을 계획했나?
- 관리자가 무엇을 도와주면 좋겠는가?

성공에 대한 인정과 칭찬

주간 회의는 인정과 칭찬을 통해 영업 사원들을 보상할 아주 좋은 기회다. 예를 들어 영업 사원이 고객의 니즈를 판단하기 위해 자신이 사용했던 특정 질문을 설명했을 때 영업 관리자는 다음과 같이 칭찬할 수 있다.

"그 질문은 아주 개방적이고 훌륭했어. 바로 그런 질문이 예비 고객이 무엇을 생각하고 있는지에 관해 판단할 수 있도록 해주는 거야. 잘했어."

코칭을 위한 경청

영업 사원들에게 코칭이 필요하다는 것을 인식시키는 것도 영업 관리자의 중요한 역할이다. 그중에서도 가장 좋은 방법이 경청이다. 잘 들어주는 것만으로도 영업 사원은 스스로의 존재와 역할을 재인식하게 되고, 영업 관리자는 목표를 달성하기 위해 고군분투하는 영업 사원에게 좋은 코치가 될 수 있다.

활동 계획 논의

새로운 목표를 달성하기 위해 계획된 활동들에 대해 논의한다. 영업 관리자는 그와 관련한 질문과 확인을 하고 사원들은 자신의 이야기를 자유롭게 전달한다. 이런 것들이 모여 목표 달성을 위한 좋은 기회로 작용하는 것이다.

결과에 대해 책임지기

생산적인 주간 회의는 영업 사원이 지난주 결과에 대한 책임을 지고 금주 목표를 달성하기 위한 목표와 활동들에 전념하는 회의이다. 영업 관리자는 이와 관련한 적절한 질문을 던지고, 영업 사원은 그에 대해 성실하고 진지한 답변을 내놓을 수 있어야 한다.

영업 사원의 역할

주간 회의에서 영업 사원의 역할은 다음과 같다.

- 지난주에 전념했던 목표 대비 결과 보고
- 결과들에 긍정적으로 또는 부정적으로 영향을 주는 요인에 대한 논의
- 금주를 위한 새로운 목표와 활동들에 전념하는 것

이와 같이 주간 회의는 영업 관리자가 지속적으로 정보를 얻고 영업 사원 중 누가 가장 효율적인 방법으로 영업 활동에 집중하고 있는가를 알 수 있는 중요한 시간이다.

성과와 학습의 월간 회의

월간 회의는 성과 검토와 함께 스킬 습득을 통해 영업 사원이 목표에 대해 책임을 지게 하기 위한 것이다.

회의를 시작할 때 무엇에 관한 회의인지, 그리고 무엇을 얻고 싶은지를 간략하게 설명한다. 예를 들어 "이번 월간 영업 회의는 3가지에 대해 집중 논의할 것입니다. 월말 실적, 뛰어난 성과를 낸 분에 대한 수상, 그리고 질문 스킬 연습이 있을 것입니다. 고객의 니즈를 파악하기 위한 질문 스킬을 사용하는 데 대한 자신감을 줄 것입니다"와 같이 한다.

주간 회의가 각 영업 사원의 책임에 맞추어 개별적으로 길어야 20분에서 30분 동안 진행하는 데 비해, 월간 회의는 팀의 책임에 집중하여 60분에서 90분 정도 하는 것이 적당하다. 대부분 다음의 4가지 부분으로 구성된다.

- 한 달 동안의 팀의 결과 검토
- 팀의 성과 검토
- 결과, 스킬, 그리고 수행된 활동들에 대한 성공을 보상하고 인정
- 스킬 개발 연습

영업 관리자의 역할

월간 영업 회의에서 영업 관리자의 역할은 다음과 같다.

전달의 결과 검토

이것은 그달 동안 그리고 연초 목표 대비 전체 팀의 결과에 대한 간략한 검토이다. 주간 회의가 전주와 금주의 개인적 목표와 결과에 대해 집중한다면, 월간 영업 회의에서는 지난달에 무엇을 달성했고 그것이 연초 목표 대비와 어떻게 관련되는지에 집중한다. 이러한 검토는 5분에서 10분 정도 소요된다.

목표 대비 성과 비교

연 초에 예상했던 대로 목표들이 월별로 항상 달성되지 않기 때문에 현재 상태를 원하는 목표와 비교하는 것이 필요하다. 예를 들어 해당 팀이 1년에 24개의 제품 또는 1개월에 2개의 제품을 팔아야 한다고 가정해보자. 현재는 3월 말이고 당신은 1분기 결과를 검토하고 있는데, 팀은 이미 15개의 제품을 판매했다. 그것은 앞으로 더 팔아야 할 것이 9개가 남아 있다는 뜻이고, 그러면 당신은 1개월에 2개를 팔려고 했던 연초 목표를 남은 기간 동안에는 1개씩 판매하는 것으로 변경한다. 이렇듯 목표 대비 성과를 검토하는 것은 현재 위치를 볼 수 있게 해주고, 필요한 대로 조정을 할 수 있게 해준다. 이 검토는 10분 또는 15분 정도 소요된다.

지속적인 동기 부여와 열정적 분위기 조성

월간 영업 회의의 핵심이다. 경청, 질문, 관계 구축, 가치 창출, 그리고 영업 관리자가 판단하기에 훈련이 필요가 있다고 생각하는 특정 판매 스킬들에 대해 집중한다.

- 영업 사원들에게 기대하는 행동과 그것의 중요성을 설명하라.
- 그것을 어떻게 하는지를 보여주라.
- 연습해보도록 하라.
- 연습 시 관찰하라.
- 관찰 시 긍정적 피드백을 자주 하라.

월 단위로 영업 스킬에 집중함으로써 영업 사원이 가장 효과적인 판매 스킬을 익히고 사용할 수 있도록 한다. 이러한 회의를 통해서 모든 스킬이 숙달되는 것은 아니지만, 모든 필요한 스킬들이 공유되고 그것들을 연습해볼 기회를 가지는 것이 중요하다. 연습 내용은 제품의 혜택, 니즈를 나타내는 고객의 단서, 발생할 수 있는 장애물 또는 고민 처리, 경쟁력 있는 가치 제안과 주의 사항 등과 같은 것들이다.

참여적 회의 분위기 조성

월간 영업 회의는 영업 관리자가 일방적으로 강의하는 시간이 아니다. 영업 관리자가 영업 사원들에게 초점을 맞추고 참여시키는 것이 중요하다. 따라서 영업 사원들이 질문하고 해답을 구하는 등 스스로 참여하게 하는 질문들을 계획하는 것이 필요하다. 사원들은 자신들이 참여하고 존중받는 회의를 좋아한다.

흥미 유발

월간 영업 회의는 '참석해야 하는' 회의가 아니고 '참석하고 싶은' 회의여야 한다. 바로 재미가 있어야 한다는 뜻이다. 영업 사원들이 긍정적이고, 생산적이며, 활기차게 그들이 배운 스킬과 지식을 서로 나누고 배우는 가운데 흥미를 유발하는 회의가 되도록 해야 한다.

시간 준수

정시에 시작하고 정시에 끝내라. 영업 관리자의 이러한 태도가 강한 신뢰감을 준다.

코칭 기회 관찰

회의를 진행하면서 영업 관리자는 영업 사원 코칭을 위한 기회들을 발견하고, 적절히 활용할 수 있어야 한다.

영업 사원의 역할

월간 영업 회의에서 영업 사원의 역할은 다음과 같다.

- 인정받은 영업 사원들에게 박수를 쳐주는 등 열광적으로 호응하기

- 필요하거나 적절할 때 질문하고 답변하며 적극적으로 참여하기
- 스킬 개발 연습 시간에 적극적으로 임하기

회의 참여도를 높이는 2가지 방법

참여도를 높이면 회의의 효과가 향상된다. 참여도를 높이는 방법은 2가지가 있다. 질문과 참여 활동이다. 다음과 같이 제약을 두지 않는 질문을 통해 참여도를 향상시킨다.

- 그것에 대한 당신의 반응은 무엇입니까?
- 그것에 대한 당신의 생각은 무엇입니까?
- 당신이 관리하고 있는 고객과의 관계는 어떻습니까?

이와 같은 질문을 통해 모두가 참여할 수 있도록 이끈다. 2~3인을 1개조로 편성하여 토론, 발표, 상호 피드백 등의 다양한 활동을 전개하면 참여도를 높일 수 있다. 참여가 책임과 헌신을 이끌어낸다는 사실을 기억하라.

회의를 통해 확보해야 할 정보

영업 관리자들은 주간 회의와 월간 회의를 통해서 중요한 정보들

을 얻는다. 그것은 주로 다음 질문들에 대한 답변들로부터 나온다.

- 매출 성과에 가장 많이 기여하는 요인은 무엇인가?
- 목표를 달성하지 못하게 하는 것은 무엇인가?
- 부족한 부분을 보충하기 위해 어떤 조치를 취하고 있는가?
- 그러한 조치로부터 어떠한 것을 예상하고 있는가?
- 어떤 활동이 효과가 있고 없는가? 이유는?
- 내가 관찰해야 하는 것은 무엇인가? 관찰에 적합한 시기는?
- 어떠한 코칭이 필요한가? 그리고 누가 필요한가? 시기는?
- 어떠한 경쟁적인 문제들에 직면하고 있는가? 그것들을 극복하기 위해 무엇을 계획하고 있는가?
- 영업 사원들이 가지고 있는 장애물들은 무엇인가?
- 어떤 훈련이 필요한가?
- 팀을 도와주기 위해 나는 무엇을 할 수 있는가?

이러한 질문들의 목적은 목표와 관련해 현재 위치가 어디이고, 그러한 목표들을 달성하기 위해 어떠한 활동이 도움이 되는지, 그리고 어떠한 장애물들이 있는지를 이해하는 것이다. 이러한 정보는 관찰과 코칭 시간을 결정하기 위한 토대가 된다. 또한 정기적인 회의는 무엇이 중요한지, 그리고 각 영업 사원이 해야 할 일이 무엇인지 명확하게 커뮤니케이션하는 기회가 된다.

'가고 싶은 회의'를 위한 마무리

그러면 회의 마무리는 어떻게 하는 것이 좋을까? 회의의 주요 사항들을 요약하고 다시 한 번 정리해보도록 요청한다. 이를 통해 영업 사원들이 내용을 숙지하고 있는지를 확인할 수 있다. 다음의 예를 참고하라.

"우리는 잠재 고객의 니즈를 파악하기 위해 질문하는 것의 중요성에 관해 이야기를 했습니다. 질문 시 질문을 해도 되는지 사전 동의를 구하는 것으로 시작해야 한다고 말했습니다. 그리고 개방적인 질문들이 더 많은 정보를 얻을 수 있으며, 질문들은 미리 계획하는 것이 중요하다고 했습니다."

사람들은 보통 마지막에 들은 것을 기억한다. 영업 사원 자신이 스스로 요약하도록 하게 하는 것은 그 회의를 마무리하기 위한 아주 효과적인 방법이다.

이상으로 구태의연한 회의 방법을 혁신하는 방안에 대해 살펴보았다. 요점은 영업 사원들이 '가야 하는 회의'가 아니라 '가고 싶은 회의'가 되도록 하는 것이다. 그것이 성공적인 회의를 위한 모든 것을 말해준다. 몇 가지 중요한 사항들을 다시 정리하면 다음과 같다.

- 참가자들을 항상 참여시켜라. 그들이 단지 듣고만 있게 하지 말고, 말하게 하고 움직이게 하라. 영업 사원들이 적극적으로 참여하면 할수록 더 많은 것을 기억할 것이다.

- 그들이 소중하다고 느끼도록 하라.

- 사후 관리를 분명히 하라.

- 회의를 독단적으로 진행하지 마라. 상호 교류로 발전시켜라.

- 영업 사원들의 아이디어와 자료를 경청하라. 질문을 하라. 말다 툼을 하지 마라. 논제에서 벗어나지 마라.

- 영업 사원들을 마치 고객인 것처럼 대하라.

- 당신의 가장 중요한 목표는 영업 사원들이 긍정적이고 생산적 이며 활기차게 그들이 배운 스킬과 지식들을 활용하고 싶어 할 수 있도록 그 회의를 순조롭게 진행하는 것이다.

- 스킬 개발에 집중하라.

- 재미있게 하라. 회의가 재미있을 때 영업 사원들은 더 많이 배 우고 배운 것을 잘 기억한다.

- 회의를 진행하는 방식이 향후 매출 결과에 직접적으로 반영될 것이다.

코칭의
적들

오늘날 영업 관리자는 전례 없는 변화를 맞고 있다. 이 변화가 스킬에 관련된 것이건, 조직의 전략과 관련된 것이건, 또는 제품 개발과 관련된 것이건 진정으로 중요한 것은 단 하나다. 바로 고객에게 새로운 서비스와 가치를 제공할 수 있는 방법을 찾고, 그 방법이 효과적으로 작용하도록 하는 것이다. 그러기 위해서는 영업 관리자의 변신이 필요하다. 평가자에서 개발자로, 전문가에서 자원으로, 명령을 내리는 자에서 질문을 하는 자로의 변신이 요구된다. 다시 말하면 영업 관리자에서 코치가 되어야 하는 것이다. 이와 같은 변신은 거의 180도 전환이라고 할 만큼 큰 변화를 의미한다.

코칭을 방해하는 '조직의 정신'

대부분의 조직은 코칭을 원하지만, 코칭을 하기 위해서 구체적인 일은 전혀 하지 않고 있다고 토로한다. 학생들이 평생 한두 명의 특별한 선생님만 만나도 운이 좋다고 할 수 있는 것처럼, 대부분의 영업사원들은 단 한 명의 진정한 코치만 만나도 운이 좋다고 말할 수 있다! 조직에는 코칭을 위한 역할 모델이 없을 뿐만 아니라 이를 위한 훈련도 하지 않으며, 누군가에게 그 책임을 묻지도 않는다. 관리자가 코칭을 하려고 시도하는 회사에서는 고의적인 방해 공작이 일어나기도 한다.

당신이 속한 조직을 생각해보라. 다른 사람에게 당신의 조직을 그림으로 그려서 보여준다면 무엇을 그리겠는가? 아마도 위계질서의 궁극적인 상징인 피라미드나 삼각형을 그리거나 복잡한 조직 차트를 그릴 것이다. 그렇다면 전통적인 피라미드나 조직 차트는 무엇을 의미하는가? 바로 당신 조직의 구조와 위계성을 의미한다. 동시에 이들은 고객의 수요, 경쟁사의 강점과 약점 또는 환경의 본질 등에 대해서는 아무것도 알려주지 못한다.

회사가 수직화될수록 꼭대기는 점점 작아지고, 꼭대기에 도달하고자 하는 경쟁이 점점 치열해진다. 내재적인 상사—부하 구조를 지닌 위계질서는 동등한 관계가 아니라 상의하달식 권위적 관계를 만들 수밖에 없고, 그에 따라 내부 파트너십, 팀 구축 및 코칭이 도입되는 것을 방해한다. 이런 이유 때문에 대부분의 조직 문화는 반코칭적이다.

반코칭적 조직 문화에 길들여진 이들은 왜 관리자가 코칭을 해야 하는가, 왜 굳이 다른 사람을 도와야 하는가 하고 반문한다. 그들에게 코칭 스킬이 통할 리 없다. 코칭 스킬만으로는 '상사'를 '코치'로 변신 시킬 수 없는 것이다. 사고방식을 바꿔야 한다.

코칭을 방해하는 것은 조직의 구조가 아니라 조직의 정신이다. 조직의 속성상 위계질서는 바뀌지 않을 것이다. 하지만 조직을 지탱하는 정신은 바뀔 수 있다. 어렵지만 바꿔야 한다. 그러지 않으면 조직의 발전은커녕 퇴보를 자초할 수밖에 없다. 그래서 경영진이 나설 것을 강조하는 것이다.

결과로 말하라고?

코칭할 때 행동보다 결과에 초점을 맞추는 경우를 흔히 볼 수 있다. "최종 오더로 진행되는 비율이 낮아요. 뭐가 문제죠?", "회사에서 지시한 영업 절차를 잘 따르고 있나요?"라는 식으로 말한다. 하지만 이렇게 해서는 코칭을 통한 행동의 변화를 이끌어낼 수 없다. 결과가 아닌 행동에 초점을 맞추어야 한다.

마찬가지로 코칭 문화를 조직에 정착시키고 이를 통해 조직 문화의 변화를 도모하기 위해서는 몇 가지 지켜야 할 사항이 있다.

첫째, 코칭 대화 준비다.

준비만이 코칭의 효과와 지속성을 보장해준다. 코칭 세션을 시작하기 전에 사원이 영업의 어느 단계에 있는지 생각해보고 그에게 어떤 행동 요인이 필요한지를 파악하는 등의 준비가 있어야 코칭을 목적에 맞게 이끌어갈 수 있다.

둘째, 관계 맺기다.

영업 사원이 코칭에 적극적으로 임하고 관리자를 코치로서 인정하는 상태가 되어야 한다. 관리자 또한 성과 관리와 코칭을 구분하여 영업 사원의 자기계발을 이끌 수 있어야 있다. 성과 관리와 코칭 사이의 명확한 구분은 쉽지 않지만, 믿음과 지원의 관계 위에서 코칭을 효과적으로 전개할 수 있는 '안전한' 상황을 만드는 것이 중요하다.

셋째, 영업 사원의 행동 이해하기다.

많은 관리자들이 코칭을 하면서 무엇을 관찰하고 어떻게 해석할지에 대해 혼란스러워한다. 바람직한 영업 사원의 행동에 대한 이해가 부족하기 때문이다. 정확한 이해 기준을 가지고 그 기준에 비추어 실제로 일어나는 행동을 파악할 수 있어야 한다.

넷째, 행동 변화의 구체화다.

관리자는 사원들의 행동을 파악하고 핵심적인 행동을 정의하여 구체적이고 객관적인 의견을 전달할 수 있어야 한다. 이를 통해 코칭이 잘못된 방향으로 나아가는 것을 예방하고 행동의 변화를 자극할 수 있다. 코칭이 너무 포괄적이거나 주관적인 내용을 다루고, 초점을 잃어버리거나 강압적인 분위기로 흐르는 경우가 있는데, 항상 구체적인 행동 변화에 코칭의 초점을 맞추면 이 같은 잘못을 막을 수 있다.

다섯째, 새로운 행동 정착이다.

코칭의 목적은 지향하는 행동이나 문화가 개인과 조직 안에서 자리 잡도록 하는 것이다. 그러기 위해서는 관리자가 영속성을 가지고 코칭 대화를 진행해나가야 한다. 또한 코칭 활동과 성과를 질과 양 면에서 파악할 수 있는 툴을 가지고 있어야 한다.

탁월한 영업 조직은 코칭이 원활하게 이루어지는 조직이다. 코칭을 통해 조직의 비전과 목표, 전략이 사원 개개인에게 스며들어 행동과 결과로 나타나는 조직이다. 그리고 그것은 경영진과 영업 관리자들이 한 방향으로 꾸준한 관심과 노력을 기울일 때 만들어질 수 있다.

전략으로 돌파하고,
코칭으로 성장하라

우리와 함께 여기까지 와준 것에 감사와 경의를 표하고 싶다. 내용을 제대로 숙지하고 깊이 생각해보았다면, 영업 전문가로서의 자부심을 가져도 좋을 것이다. 마지막으로 정리 차원에서 몇 마디 덧붙이고자 한다.

최고의 영업 조직은 두말할 필요 없이 최고의 영업력을 보유한 조직이다. 그렇다면 최고의 영업력을 가진 조직에는 어떤 특성이 있을까? 한마디로 말하면 명확한 영업 전략에 따른 계획이 있고, 계획을 실현하는 현장에서의 코칭이 활발히 이루어지고 있다는 것이다.

그런데 아직도 많은 기업들이 전략 없는 영업 계획에 안주하고 있거나 계획 따로 실행 따로의 주먹구구식 영업에 의존하고 있다. 목표관리도 허술하고 동기부여도 임시방편적 사기 진작이나 의지 확인에 머물러 있다. 변화도 없고 더 이상의 발전도 기대하기 힘든 실정이다.

국내 영업 분야에 도입된 지 10여 년이 지난 코칭도 제대로 된 효과를 거두지 못하고 있다. 각종 코칭 프로그램은 영업의 현실을 도외시한 채 이론 위주의 내용으로 채워져 있고, 영업 관리자들은 코칭의 필요성에는 공감하면서도 이를 어떻게 자사와 영업 현장의 실정에 맞게 접목할 수 있는지에 대해서는 매우 혼란스러워하고 있다.

전략이 중요하다, 계획이 반이다, 코칭이 필요하다고 말로만 외쳐본들 달라질 것은 아무것도 없다. 목표를 달성할 수도 없고, 경쟁업체를 이길 수도 없다. 조직도 살아남을 수 없다. 이제부터라도 조직의 목표가 전략과 계획, 코칭을 통해 실질적으로 달성될 수 있게 만들어야 한다. 합리적인 목표를 좋은 전략으로 구현하고, 세부적인 계획과 시의적절한 코칭을 통해 전략을 활성화하여 실현할 수 있어야 한다. 바로 '영업의 과학화'가 이루어져야 한다. 그리고 그것은 끝이 없는 완성을 향해 끝없이 지속되어야 한다.

불황에 끄덕하지 않는 최고의 영업 조직을 원하는가? 어떤 역경도 돌파해나갈 수 있는 최강의 영업력을 갖추고 싶은가? 그런 당신에게 '전략으로 돌파하고, 코칭으로 성장하라!'는 말을 해주고 싶다. 이

책에서 제시하는 대로 해보고 또 해보면 분명 원하는 바를 얻게 될 날

이 올 것이라 믿는다.

최용주 · 김상범

김상범 《팔지 말고 코칭하라》 호이테북스, 2013

김상범 《세일즈 리더십》 순정아이북스, 2011

김상범·박성영·나운봉 '판매 관리자의 코칭이 판매원의 역할 지각 및 성과에 미치는 영향에 관한 연구' 마케팅관리연구 제14권 4호, 2009

노구치 요시아키 《목표 달성 100% 영업 관리 7단계》 조완규 옮김, 21세기북스, 2003

다카하시 가츠히로 《솔루션 영업의 기본 전략》 홍찬선 옮김, 시공사, 2005

마이클 포터 《마이클 포터의 경쟁전략》 조동성 옮김, 21세기북스, 2008

박세정 《파이프라인을 구축하라》 책과나무, 2013

박찬욱 《CRM 고객관계 관리》 도서출판 청람, 2014

박찬욱 《고객관계 구축을 위한 영업 관리》 도서출판 청람, 2012

스키타 히로아키 《보스턴컨설팅그룹의 영업 테크닉》 홍성민 옮김, 비즈니스맵, 2007

이마무라 히데아키 《보스턴컨설팅그룹의 B2B 마케팅》 정진우 옮김, 비즈니스맵, 2007

이선로·김동현 '모바일 SFA(mSFA)시스템의 수용 용인 및 도입 성과에 관한 연구' 경영과학 24(1), 2007

제프리 페퍼·로버트 서튼 《증거경영》 김용재 옮김, 국일증권경제연구소, 2009

존 코터 《기업이 원하는 변화의 리더》 한정곤 옮김, 김영사, 2007

진병운 《영업은 기획이다》 21세기북스, 2011

최용주 《풀무원 건강생활㈜의 변신》 기업연구저널, 2006

최용주 '밀어내기와 압박 버리고 영업 전략으로 접근하라' 동아비즈니스리뷰(DBR) June 2013 Issue 1, No.130, 2013

최용주 '주렁주렁 훈장, 촌스럽지만 믿음직! 기업도 신뢰의 시스템이 필요하다' 동아비즈니스리뷰(DBR) August 2013 Issue 2, No.135, 2013

최용주 '영업 실적 올리고 싶다면 판매 부담부터 줄여줘라' 동아비즈니스리뷰(DBR) January 2014 Issue 1, No.144, 2014

최용주 '불조심해라 X, 난로 곁에 모래 3봉지 O, 구체적 영업 프로세스를 매뉴얼화하라' 동아비즈니스리뷰(DBR) January 2014 Issue 1, No.146, 2014

최용주 '사회적 자본(Social Capital)이 방문판매사업의 성과에 미치는 영향' 서울과학종합대학원, 2009

함유근 · 조치선 'SFA시스템의 도입과 활용에 영향을 미치는 요인에 관한 연구 : 보험회사의 영업 사원을 중심으로' 정보기술과 데이터베이스저널 제11권 제3호, 2004

KMAC, LCA–J 《세일즈 딥스 DIPS》 한국능률협회(kmabook), 2010

Andris A. Zoltner, Prabhakant Sinha and Sally E. Lorimer 《Building a Winning Sales Force》 AMACOM, 2009

Andris A. Zoltner, Prabhakant Sinha and Sally E. Lorimer 'Sales Force

영업의 미래

Effectiveness : A Framework for Researchers and Practitioners' Journal of Personal Selling & Sales Management 28(2), 2008

Barrent Riddleberger 《Blueprint of a Sales Champion》 Ratzelburg, 2004

Barton A. Weitz and Kevin D. Bradford 'Personal Selling and Sales Management : A Relationship Marketing Perspective' Journal of the Academy of Marketing Science 27(2), 1999

Brent Adamson, Matthew Dixon, and Nicholas Toman 'The End of Solution Sales' Havad Business Review, 2012

Charan, Ram 《What the Customer Wants You to Know》 Penguin Group USA, 2007

Donald C. Hambrick and James W. Fredrickson 'Are You Sure You Have a Strategy?' Academy of Management Executive Vol.19, No.4, 2005

Elizabeth C. Thach 'The Impact of Executive Coaching and 360−Degree Feedback on Leadership Effectiveness' Leadership and Organization Development Journal 23(4), 2002

Ferdinand Fournies 《Coaching for Improved Work Performance》(Revised Edition), McGraw-Hill, 2002

Ferdinand Fournies 《Why Employees Don't Do What They're Supposed to and What You Can Do About It》 McGraw-Hill, 2007

Frederick F. Reichheld 《The Loyalty Effect : The Hidden Force Behind

Growth, Profits, and Lasting Value》 Harvard Business School Press, 1999

Gregory A. Rich 'The Constructs of Sales Coaching : Supervisory Feedback, Role Modeling and Trust' Journal of Personal Selling & Sales Management 181(Winter), 1998

Holly G. Green 《More Than a Minute》 Career Press, 2008

James C. Anderson, James A. Nanus and Wouter van Rossum 'Client Value Propositions in Business Markets' Harvard Business Review, 2006

Jerry D. Elmore 《The 5 Best Practice of Highly Effective Sales Managers》 AuthorHouse, 2005

Joseph R. Forkman 《The Power of Feedback》 John Wiley & Sons, Inc., 2006

Ingram, Thomas N., Raymond W. LaForge, Ramon A. Avila, Charles H. Schwepker, Jr. and

Michael R. Williams 《Sales Management : Analysis and Decision Making, 7th ed., M.E.》 Sharpe, 2009

Kinni, Theodore 'How Strategic Is Your Sales Strategy?' Harvard Business Update 9(2), 2004

Keith M. Eades 《The New Solution Selling》 McGraw-Hill, 2003

Kuster, Ines and Pedro Canales 'Compensation and Control Sales Policies, and Sales : the Field Sales Manager's Point of View' Journal of Business & Industrial Marketing 26(4), 2011

Linda Richardson 《Sales Coaching : Making the Great Leap from Sales
Manager to Sales Manager to Sales Coaching》McGraw Hill, 1996

Matthew Dixon and Brent Adamson 《The Challenger Sale》Portfolio, 2011

Moncrief, William C., Greg W. Marshall, and Felicia G. Lassk 'A Contemporary
Taxonomy of Sales Positions' Journal of Personal Selling & Sales
Management 26(1), 2006

Neil Rackham 《SPIN Selling》McGraw-Hill, 1988

Neil Rackham and Ruff Richard 《Managing Major Sales》Harpercollins, 1991

Philip Delves Broughton 《The Art of the Sale》Penguin Group USA, 2013

Rosann L. Spiro, Gregory A. rich and William J. Stanton 《Managemant of a
Sales Force》(12th ed) McGraw-Hill, 2008